Adolf Saager
Graf Ferdinand von Zeppelin

AF125510

SEVERUS Verlag

Saager, Adolf: Graf Ferdinand von Zeppelin. Eine Biografie. 2022
Neuauflage der Ausgabe von 1915
ISBN: 978-3-96345-356-4

Korrektorat: Antonia Jarck, Judith Hanke
Satz: Judith Hanke
Ergänzendes Vorwort: Judith Hanke (© SEVERUS Verlag)

Umschlaggestaltung: Annelie Lamers, SEVERUS Verlag
Umschlagmotiv: pixabay.com

Bibliografische Information der Deutschen Nationalbibliothek: Die Deutsche Nationalbibliothek verzeichnet diese Publikation in der Deutschen Nationalbibliografie; detaillierte bibliografische Daten sind im Internet über https://dnb.de abrufbar.

Der SEVERUS Verlag ist ein Imprint der Bedey & Thoms Media GmbH,
Hermannstal 119k, 22119 Hamburg

SEVERUS Verlag, 2022
http://www.severus-verlag.de
Gedruckt in Deutschland
Der SEVERUS Verlag übernimmt keine juristische Verantwortung oder irgendeine Haftung
für evtl. fehlerhafte Angaben und deren Folgen.

Adolf Saager

Graf Ferdinand von Zeppelin
Eine Biografie

Editorische Notiz:
Der Text der vorliegenden Edition beruht auf der Ausgabe:
Adolf Saager: Zeppelin. Der Mensch. Der Kämpfer. Der Sieger. Verlag von Robert Lutz,
Stuttgart 1915. Die Orthographie wurde behutsam modernisiert, grammatikalische Eigen-
heiten bleiben gewahrt. Die Interpunktion folgt der Druckvorlage. Der Inhalt ist im histori-
schen Kontext zu lesen.

INHALT

VORWORT

„Und Graf Zeppelin schenkte uns das unvergessliche Erlebnis eines Wunders, als dieses festgefügte Fahrzeug riesengroß, aber gehorsam über unsere Köpfe daher geglitten kam."

Luftschiffe, Zeppeline, Echterdingen – das sind vermutlich die ersten Assoziationen, die einem in den Sinn kommen, wenn man den Namen Graf Ferdinand von Zeppelin hört. Doch wie so oft stellt auch hier die weltbekannte Erfindung den eigentlichen Menschen dahinter in den Schatten. Dies nimmt Adolf Saager zum Anlass, um mit dieser einzigartigen Biografie den Menschen hinter den Schlagzeilen zu erkennen und eröffnet uns damit einen seltenen Einblick hinter die Kulissen der Zeppelinschen Erfindung. Um ein möglichst vielfältiges Bild des Menschen Graf Zeppelin darstellen zu können, greift er auf viele unterschiedliche Quellen zurück (z.B. Briefe, Reden, Zeitungsartikel, etc.) und schafft so eine authentische Erzählung des Lebens des Grafen abseits der öffentlichen Darstellungen als gefeierter Erfinder der Luftschiffe.

Adolf Saager (1849–1949) arbeitete nach seiner Promotion im Bereich der Naturwissenschaften als freier Redakteur und Schriftsteller und verfasste in diesem Zuge nicht nur die hier vorliegende Biografie über Graf Zeppelin, sondern auch über andere bekannte Namen wie Henry Ford, Mussolini und Giuseppe Mazzini. Während des Zweiten Weltkriegs floh er in die Schweiz, wo er, verärgert über deren Pressezensur, seinen Fokus auf die Rettung politischer Flüchtlinge setzte.

Das Leben Zeppelins bearbeitet er in chronologischer Reihenfolge anhand von prägenden Stationen in dessen Leben. Beginnend mit dem Aufwachsen des jungen Grafen in der Tradition eines alten Familiengeschlechts erfährt man auch einiges bisher Unbekanntes über seine Zeit als Soldat und General beim Militär. Zeppelin kämpfte zunächst selbst als Hauptmann im Deutsch-Französischen Krieg

3

(1870/71), später unterstützte er im Ersten Weltkrieg das Deutsche Reich mit seinen Luftschiffen als Beobachtungsinstrument. Doch dazu mussten diese erst einmal gebaut werden. Auch über die Schwierigkeiten zu Beginn dieser Idee wird berichtet, denn bis die Luftschiffe das wurden, was sie heute sind, musste Graf Zeppelin viele Hürden überwinden. Beispielsweise wurde er zunächst von der Bevölkerung verspottet, die nicht an ihn und seine Idee glaubte, ständige Geldnot und Scheitern von Flugversuchen waren lange Zeit sein täglich Brot. Aber die darauffolgenden großen Erfolge wie die ersten erfolgreichen Fahrten der Zeppeline werden ebenso thematisiert wie Katastrophen wie die von Echterdingen. Zeppelin wirkt hier dank Saager menschlicher als zuvor, auch dank kleinerer Anekdoten wie seiner Bescheidenheit oder dass er tatsächlich jeder möglichen Aufmerksamkeit, die seiner immer bekannter werdenden Person zuteil wurde, aus dem Weg ging.

In Abgrenzung zu vielen anderen Biografien und Lebensdarstellungen über Graf Zeppelin schreibt Saager bewusst aus einer anti-nationalistischen Perspektive. Zu Zeppelins Lebzeiten und besonders während des Ersten Weltkriegs spielte der Nationalsozialismus schon eine große Rolle. Selbst wenn Zeppelin nie aktiv für diese Ideale gehandelt hat, so hat er dennoch aktiv zur deutschen Kriegsführung beigetragen und wurde dementsprechend von den Verantwortlichen in Ehren gehalten. Daher existieren auch heute noch viele Schriftstücke über den Helden Zeppelin aus eben dieser Perspektive. Aufgrund Saagers eigener eher anti-nationalistisch geprägten Haltung sind seine Werke daher umso interessanter – insbesondere diese Zeppelin-Biografie – da sie sich nicht in die vielen oft nationalsozialistisch geprägten Texte der Zeit einreihen.

Saager gelingt es, die Person Graf Ferdinand von Zeppelin als Mensch mit Ecken und Kanten, Höhen und Tiefen, Stärken und Schwächen zu skizzieren und dabei nahbar zu machen, ohne die Bedeutung der Erfindung selbst, die diese Menschlichkeit so oft in den Schatten stellt, zu mindern. Auch zu seinen Lebzeiten wurde seinem außergewöhnlichen Charakter stets nachgeeifert. „Das ist seine größte Tat, größer noch als seine Erfindung, dass er ein Vorbild war, ohne es sein zu wollen."

Judith Hanke
SEVERUS Verlag

GRAF ZEPPELIN DER DEUTSCHE

GRAF ZEPPELIN DER DEUTSCHE

Die meisten von uns finden am Anfang ihrer Erinnerungen vom Grafen Zeppelin das Bild des verlachten Erfinders. In der schwäbischen Residenz habe ein alter Offizier den schnurrigen Plan ausgeheckt, ein lenkbares Luftschiff zu bauen. Man hörte kaum recht hin. Wie sagten Sie? Lenkbares Luftschiff? Perpetuum mobile? Lenkbares Luftschiff?! Ja, es gibt doch komische Käuze! Da kann er ja die Marsbewohner besuchen, bemerkte einer noch gleichsam witzig, und schon wandte sich das Gespräch wieder ernsthafteren Dingen zu.

Ein paar Jahre später erhielt der oder jener einen Brief mit der Bitte um einen Beitrag für den Bau jenes Luftschiffes. Das Schreiben flatterte in den Papierkorb. Man brummte nicht gerade von „Belästigung." Der Mann war ja General und hatte im 70er Krieg einen berühmt gewordenen Erkundigungsritt ausgeführt. Aber er sollte sich wirklich nicht mit Dingen befassen, die er als Laie nicht versteht. Die Sachverständigen haben es ihm doch gesagt. Und wenn sein Starrsinn schon auf die Leute vom Fach nicht hören will, seine misslungenen Aufstiege haben es ihm doch bewiesen. Also Schluss mit den „hochfliegenden" Plänen, mit den „Luftschlössern" – trotz aller Notrufe Schluss!

Aber es war nicht Schluss. Auf einmal ging's, ging es vortrefflich. Und Graf Zeppelin schenkte uns das unvergessliche Erlebnis eines Wunders, als dieses festgefügte Fahrzeug riesengroß, aber gehorsam über unsere Köpfe daher geglitten kam. Ein Wunder war es, dass uns die hellen Tränen in den Augen standen! Ja, wir bekannten es gerne, dass der Mann mit der weißen Mütze und dem weißen Schnurrbart dort oben am Steuer recht gehabt und dass wir Kleingläubigen uns alle geirrt hatten. Gern, froh, freudig gaben wir es zu. Wie man es nur denen gegenüber tut, deren fragloser Überlegenheit man sich in Reue und Demut unterwirft – einem Gott oder Helden.

Und dann schenkte er uns ein zweites Wunder, größer vielleicht noch als das erste. Es war zu einer Zeit, wo man es kaum mehr laut sagen durfte, wenn man Dingen nachging, die nicht mit gefüllten Geldbeuteln winkten – wo man ausgelacht wurde, wenn man für Ideale, die über den Bereich einer engen Gemeinschaft hinauszielten, mehr als schöne Worte ausgab. Da geschah etwas Seltsames, Unerhörtes: ein Ereignis schien zu beweisen, dass die Pläne des Grafen endgültig gescheitert seien, und im Augenblick dieses Ereignisses verschrieben sich Hunderte, Tausende, ein ganzes Volk diesen Plänen mit der ganzen Leidenschaft und Begeisterung, deren es fähig war.

Jeder wusste es: dieser Held war von seiner Tat nicht zu trennen. Aber jeder wollte, als er sein Scherflein für den Bau eines neuen Luftschiffes hergab, damit doch nur dem Grafen Zeppelin sagen, dass sie beide für alle Zukunft in Freud und Leid zusammengehören. Der Arbeiter, der Handwerker, der Kaufmann, der Künstler, der Gelehrte, jeder einzelne hatte es erlebt, dass diese Persönlichkeit sein Ideal geworden war, dass eine solche Persönlichkeit eigentlich von jeher sein Ideal gewesen. Das Gefühl hatte geschlummert, der Wehschrei nach der Echterdinger Katastrophe hatte es geweckt. Die Treue, die Beharrlichkeit, das Vertrauen, die Unbeugsamkeit, die in diesem Mann ihren höchsten Ausdruck gefunden – wenigstens ein Körnchen davon hatte jeder in den Stunden ernsten Strebens in sich selbst entdeckt. Jetzt war es ins Bewusstsein getreten, dass dieser Mann die wertvollsten Kräfte in sich vereinigt und in seinem Werk verwertet hatte, die das deutsche Volk sein Eigen nennt. So wie der Graf Zeppelin sein, ja, das hieß deutsch sein! Und diesem Mann als dem Symbol der Kräfte, die – man hatte es fast schon vergessen – alle zu einer höheren Einheit verbanden, opferte man, jubelte man in Dankbarkeit zu. So ward er u n s e r Zeppelin.

Das ist seine größte Tat, größer noch als seine Erfindung, dass er ein Vorbild war, ohne es sein zu wollen. Er war ruhig und treu seine Straße gezogen, uneingeschüchtert von den Drohungen, ungerührt von den Lockungen, die rechts und links an seinem Weg lauerten. Im innersten Busen eines jeden Deutschen schlummerte ein Geist, der schüchtern zwar und vielleicht nur hin und wieder zum Gleichen riet. Mit einem Schlage aber hatten ihn jetzt alle erblickt auf seinem mühseligen Wege, und nun erhob jener Geist seine Stimme. Jetzt sträubte sich keiner mehr, fehlte es keinem mehr an Mut. Hinter ihm, dem Fahnenträger, strömten Hunderte, Tausende, alle schlossen zu Reihen sich zusammen, marschierten in gleichem Schritt und Tritt dahin. Das wirre Murmeln gestaltete sich zu Tönen. Alle lauschten dem Liede, das sie unbewusst angestimmt hatten: und es sang vom Vaterlande. Und als sie den endlosen Zug betrachteten, dem sie sich angeschlossen hatten, da erkannten sie, dass das ganze deutsche Volk mitzog.

Unser Zeppelin! Jetzt war auch des Mannes Werk des ganzen Volkes Werk geworden. Das ganze Volk hat mit ihm fortan getrauert und fortan gejubelt, wie des Schicksals Lose fielen. Wenn eines der stolzen Schiffe über uns dahinzog, überkam auch den Nüchternsten ein himmlischer Traum: das war ja die Verwirklichung einer Sehnsucht, wie jeder eine im Busen nährt – nicht der alten Sehnsucht zu fliegen, sondern der Sehnsucht, die jeden in den gehobenen Stunden besucht, in denen er Abrechnung hält mit seiner Stellung in der menschlichen Gesellschaft. Ja, der Luftriese dort oben verkündete es, der Geist, der den Grafen geleitet und der uns alle leiten soll, bringt es auch zu Taten! So war der Anblick der schönen Schiffe jedem die Verkörperung menschlicher Werte, des deutschen Arbeitsgeistes. Daran, dass mit diesem Luftkreuzer eine neue Waffe geschaffen sei, daran dachte keiner, als ihm vor Bewegung das Herz zum Hals hinaufschlug, dass er seine Freude hinausschreien musste. Selbst Graf Zeppelin, der alte Soldat, hat immer nur die friedliche Bedeutung seines Werkes betont, hat sogar fast pazifistische Hoffnungen daran geknüpft.

Auch im Ausland fühlte man, wie sehr sich gerade in dem Werke dieses Mannes das Wertvollste des deutschen Geistes verkörperte. Dort fühlte man vielleicht auch die Überlegenheit diesen Geistes. Darum wurden, trotzdem man ihre praktische Bedeutung wegleugnete, die Zeppeline auch dort populär. Heute versteht man den Sinn der Gespensterluftschiffangst in England, der Aufregung bei der Landung in Lunéville. Auch das Ausland erfasste und erlebte instinktiv den Grafen Zeppelin und die Zeppeline als Symbole!

Dann kam der Weltkrieg. Und nun tat Zeppelin sein drittes Wunder. Nicht durch seine Erfindung, sondern durch seine Persönlichkeit. Wäre der beispiellose Opfersinn, die unerschütterliche Siegeszuversicht, der unbeirrbare Wille zum Durchhalten im Kampfe gegen eine solche Übermacht denkbar gewesen bei einem Volke, das nicht wieder gelernt hatte, sich als Volk zu fühlen? Der unwägbare Geist war es – bei dieser Riesenübermacht wird es niemand bezweifeln können –, der auf der Waage den Ausschlag gab. Und diesen Geist hat Graf Zeppelin, in dem er seine höchste Vollendung gefunden, zur Entfaltung gebracht. Die späteren Geschichtsschreiber werden wohl in die Darstellung des Weltkrieges ein Kapitel aus früheren Jahren hereinziehen müssen, das „Echterdingen" heißt. Und sie werden betonen, dass „unser" Zeppelin gerade die Eigenschaften in aller Stille bei seinem Schaffen vorgezeichnet hat, durch die im Weltkriege das deutsche Volk sich bewährte.

In aller Stille! Graf Zeppelin liebt es nicht, wenn von ihm viel Aufhebens gemacht wird. „Meinem Vater", schrieb dem Herausgeber dieses Büchleins des Grafen Tochter, Gräfin Hella von Brandenstein-Zeppelin im März 1915, „ist es gar nicht angenehm, wenn zu viel über seine Persönlichkeit in die Öffentlichkeit dringt." Aber das deutsche Volk hat mehr als einmal alle Schranken durchbrochen, um seinen Liebling zu sehen. Dazu soll ihm auch dieses Büchlein verhelfen.

M ü n c h e n , Ende Mai 1915

Der Herausgeber

DER JUNGE ZEPPELIN

Ein alter Stamm

Des Geschlechtes Wiege

In dem Dorfe Zepelin bei Bützow in Mecklenburg ist dem schwäbischen Eroberer der Lüfte ein Denkstein gesetzt worden. Auf der dortigen Herrschaft liegt sein Stammsitz. Schon ums Jahr 1286 ist ein Heinrich von Zepelin in den Urkunden verzeichnet.

Von dieser Familie haben sich „zahlreiche Mitglieder in kaiserlichen (deutschen), österreichischen, preußischen, schwedischen, dänischen, hannöverschen (und braunschweigisch-lüneburgischen, englischen) und württembergischen Kriegsdiensten hervorgetan und hohe Rangstellen erreicht."

Dr. Eberhard von Zeppelin in der „Allgem. Deutschen Biographie"

Eine hochbegabte Familie

Neun Söhne hatte der kurhannövrische Hauptmann von Zepelin. Zwei davon fielen als Offiziere in den Befreiungskriegen, einer starb als verdienter General im Jahre 1848, und zwei – Karl und Ferdinand – sind württembergische Minister geworden.

Das kam so. Im Jahre 1783 machte der damalige Prinz Friedrich von Württemberg einen Besuch am mecklenburgischen Hofe. Hier lernte er Karl von Zepelin kennen. Es entwickelte sich zwischen den beiden bald ein inniger Freundschaftsbund, „wie er zwischen einem Fürsten und seinem Untertan fast ohne Beispiel dasteht."

Karl von Zepelin wurde württembergischer Staatsminister, starb aber bereits mit kaum 34 Jahren.

Unseres Zeppelins Großvater

Karls Bruder Ferdinand war bei Marengo schwer verwundet worden. Der Herrscher machte ihm wiederholt und persönlich den Antrag, als Ersatz für seinen verstorbenen Bruder in württembergische Dienste zu treten. Endlich gab er nach.

In den Befreiungskriegen hat Ferdinand Ludwig von Zeppelin seinem neuen Vaterland sehr wertvolle Dienste geleistet. Im Februar 1813 verhandelte er als außerordentlicher Gesandter des Königs von Württemberg mit dem Kaiser Napoleon in Paris. Dann trat der Umschwung ein, und Württemberg, das früher dem Rheinbund gefolgt war, schlug sich zu den Alliierten. Wieder ward, im Oktober des gleichen Jahres, der württembergische Minister des Äußeren mit wichtigen Aufträgen bei General Wrede, dem Kaiser von Russland und Metternich betraut.

So uneingeschränkt war das Vertrauen des Königs zu seinem Gesandten, dass er ihm schrieb: „Wir versehen uns zu Euch, dass Ihr in dieser misslichen Lage tun werdet, was Ihr könnt, um König und Vaterland zu retten und vor ferneren Misshandlungen zu schützen." Der Minister rechtfertigte das Vertrauen: trotz allen Schwierigkeiten, „ja Gefahr der Verhältnisse den Beitritt Württembergs zur heiligen Allianz so früh als nur irgend möglich herbeigeführt zu haben, ist wesentlich Graf Ferdinand von Zeppelins Verdienst."

Ferdinand Ludwig wie Karl von Zeppelin (nach süddeutschem Sprachgebrauch schrieben sie sich nun mit zwei p) wurden für ihre Verdienste vom König in den Grafenstand erhoben.

Seine Gattin

Im Jahre 1802 vermählte sich Graf Ferdinand mit Pauline Freiin von Maucler – „einer Frau, gleich ausgezeichnet durch Gaben des Geistes wie des Herzens, die später als eine der ersten Schönheiten am napoleonischen Kaiserhof in Paris gefeiert, mit einer Reihe bedeutender Persönlichkeiten ihrer Zeit in Verkehr und Korrespondenz trat und teilweise (z.B. mit Varnhagen) bis in ihr hohes Alter verblieb."

Ein Genfer Refugié

In Konstanz am Bodensee hatte sich im Jahre 1785 eine kleine Kolonie angesehener, französisch-reformierter Flüchtlingsfamilien angesiedelt. Einer der Refugiés, Jacques Louis Macaire-de l'Or aus Genf, richtete auf der dortigen Dominikanerinsel eine Kattunfabrik ein. In der nahen schweizerischen Gemeinde Emmishofen erwarb er von dem Herzog Friedrich, nachmaligem König von Württemberg, das Landgut Gyrsberg.

Sein Sohn David, der die väterliche Fabrik übernahm, verheiratete sich mit der St. Gallerin Coraly d'Hogguer.

Unseres Zeppelins Vater

Ein Sohn jenes verdienten württembergischen Ministers, Ferdinand von Zeppelin, der im Jahr 1807 geborene Graf Friedrich von Zeppelin, war Hofmarschall des Fürsten von Hohenzollern-Sigmaringen. Er verkehrte schon in frühen Jahren viel bei den Macaires in Konstanz und lernte so die Tochter des David Macaire-d'Hogguer, Amalie, kennen und lieben. Am 30. November 1834 wurde der Ehebund zwischen dem Sohne des deutschen Staatsmannes und der Tochter des französischen Großindustriellen eingesegnet.

Eines ihrer Kinder ist unser Graf Ferdinand.

Der Hofmarschall Zeppelin

Mein Mann trug bei Zeremonien eine Uniform mit goldenen Epauletten und in der Hand einen schwarzen Stab mit silbernem Knopfe. Wie es kam, dass wir beide des großen Glanzes satt wurden, kann ich dir nicht sagen; es kam unverhofft, und eines Tages legte Fritz den schwarzen Stab nieder.

Aus einem Briefe von Zeppelins Mutter

Ein Weihnachtsgeschenk

Zeppelins Vater war nicht zum prunkvollen Leben bei Hofe bestimmt. Sein Sinn stand nach einem schlichten Leben im Familienkreise, wo nichts ihn von seiner Liebe zu Arbeit, Natur und Kunst abhielt. Erst bewohnte das junge Paar im Hause der Großeltern einen Flügel, wo auch der kleine Ferdinand zur Welt kam.

Die Großmama Coraly war eine Schwiegermutter, mit der es sich leben ließ. Sie liebte sinnige Scherze und wusste namentlich die Weihnachtsfeste lieblich zu gestalten. Eine Bescherung sollte für das junge Paar eine ganz besondere Überraschung bringen: am Christbaum hing für den Schwiegersohn der Kaufbrief des Gutes Gyrsberg[1].

Das Schloss Obergyrsberg

Obergyrsberg liegt südlich von Konstanz bei dem Dorfe Emmishofen auf einer zwischen Rebgeländen eingeschlossenen Anhöhe. Durch ein Portal von hochgewachsenen Pappeln tritt man in den Rayon des Schlosses ein. Ein großes Rondell in der Mitte teilte damals den breiten Kiesweg zu einer bequemen Auffahrt vor der Freitreppe des Hauses. Links war ein laufender Brunnen, von einer Trauerweide überschattet, zu beiden Seiten die Ökonomiegebäude; das Wohnhaus mit hohem Parterre und hübschem Wohnstocke war mit wilden Reben überwachsen und auf dem Dach ein Türmchen mit einer Glocke angebracht.

Fr. Steudel

Zeppelins Vater als Gutsherr

Jetzt war der Graf in seinem Elemente. Auf dem einfachen, idyllisch gelegenen Landgut fand er einen idealen Boden für seine Tatkraft und

---

1   Anm. des Verlags: Hier ist das heutige Schloss Girsberg gemeint, das in dem früher selbstständigen Emmishofen lag, heute ein Stadtteil von Kreuzlingen in der Schweiz.

14

Neigungen. Morgens um vier Uhr schon erhob er sich und kümmerte sich in der Wirtschaft bis ins Kleinste. Er lag leidenschaftlich der Jagd ob, sammelte Mineralien, Käfer und Schmetterlinge und war ein rüstiger Wanderer. Er war musikalisch veranlagt und hat eine Sammlung Gedichte veröffentlicht, wie er auch mit den schwäbischen Dichtern der Zeit, Schwab, Lenau, Graf Alexander von Württemberg befreundet war.

Das neue Reis

Ferdinand Graf von Zeppelin, geboren den 8. Juli 1838 zu Konstanz auf der sogenannten „Insel."

Der „Knöpfleschwab"

Ferdinand ist 5½ Jahre alt, ein blauäugiges, blondgelocktes Engelsköpfchen, der Liebling der Onkel und Tanten, wird in auswärtigen Kreisen der Herzkäfer, zu Hause der Knöpfleschwab genannt, welche beide Titel ihm gleich gut anstehen. Ferdinand ist wie der Vater die Gemütlichkeit selbst. Seine wissenschaftlichen Studien haben noch nicht begonnen, er wendet aber seine ihm angeborenen Geistesgaben beim Kühehüten, Holztragen, Jäten, Steineführen usw. mit Erfolg an. Er ist auch so ziemlich *au fait* aller landwirtschaftlichen Arbeiten, weiß immer genau, auf welchem Felde die Knechte beschäftigt sind, interessiert sich ungemein für neue Pflüge und Sämaschinen usw. Er ist sehr stolz darauf, ein Württemberger zu sein und eben sein erstes Paar Stiefel bekommen zu haben.

Aus einem Briefe von Zeppelins Mutter

Zeppelins Mutter

Die Züge von Zeppelins Mutter sind uns in einem gezeichneten Jugendbildnis und einem späteren Gemälde erhalten worden: es war eine feine, zarte Frau von ganz ungewöhnlichem Liebreiz. Selbst wenn von ihrem weichen, reichen Gemüt und ihrer kindlichen Heiterkeit nicht die Überlieferung berichten würde, aus ihren Augen und ihrem Munde könnte man diese Wesensart ablesen. Zu dem ernsten Vater bildete sie die schönste Ergänzung. Er belehrte die Kinder, sie spielte mit ihnen.

Sie starb, nach einigen Leidensjahren in Montpellier, schon im 35. Lebensjahre, und gerade bei ihren seltenen Eigenschaften muss dieser Verlust für die Kinder ein ganz unersetzlicher gewesen sein.

Der Geist im Hause

Im ganzen häuslichen und ökonomischen Betrieb war ein Frieden, der äußerst wohltuend und auch für die Entwicklung des Gemütslebens der Kinder von wesentlicher Bedeutung war. Da hörte man nie ein Zanken oder Schelten, geschweige denn Fluchen und Wettern, sondern allenthalben war ein himmlischer Friede. Wenn es je etwas zu verweisen gab, so geschah es mit Liebe und Schonung. Es gab sich von selbst, dass ich, von solcher Friedenslust umgeben, mich auch gewöhnte, mit Geduld und Sanftmut zu erziehen und die Arbeiten der Zöglinge zu überwachen. Die unendliche Liebe, Güte und Ruhe, die der Graf Ferdinand jederzeit und bis in sein Alter beweist, wurzeln wesentlich in dem vorbildlichen Charakter seines Elternhauses.

Robert Moser, Lebenserinnerungen

Körperliche Übungen

Geturnt wurde nicht, Turnplatz war keiner da. Es war aber auch nicht nötig. Die körperliche Gewandtheit wurde durch andere ritterliche Übungen erworben. Es war allerliebst zu sehen, wenn einer der jungen Grafen einen Shetländer Ponyschimmel herumtummelte oder wenn sie satteln ließen, um einen Ritt in die Umgebung zu machen. Im Baden und Schwimmen tat es ihnen keiner zuvor. Oft ruderten sie kühn mit der „Silberflotte" hinaus in den See oder ließen sich, kunstgerecht das Segel stellend, das Steuerruder in der Hand, vom Winde treiben. Ein

Bächlein floss durch den Park in einen mit Pappeln umgrenzten Teich. Dieser diente im Winter zum Schlittschuhfahren, diesem unübertrefflichen Wintervergnügen für beide Geschlechter; im Sommer aber machten wir miteinander in den Bächlein allerlei Wasserwerke, Mühlen, Floßgassen und fertigten Schiffe, Kähne und Flöße, um die kleine Flottille in unseren Wasserstraßen schwimmen zu lassen.

Robert Moser, Lebenserinnerungen

Strenge, aber schöne Jugend

Verwöhnt wurden die Kinder nicht. Wie mit dem Taschengeld wurden sie auch sonst, in Kleidung und Nahrung, knapp gehalten. Nicht einmal zu Weihnachten gab es Backwerk, und selbst wenn sie irgendwo zu Gast waren, mussten sie einzelne Speisen vorübergehen lassen, um sich in Enthaltsamkeit zu üben.

Der erste Besuch in Stuttgart

Als ich vor nunmehr bald 70 Jahren zum ersten Mal Stuttgart gesehen habe, da hätte auch die reichste Fantasie ein solches Bild sich nicht ausmalen können. An einem dunklen Abend kam ich im Postwagen – eine Eisenbahn gab es damals noch nicht – hier angefahren. Ich kam oben auf der Alten Weinsteige – die Neue war noch nicht – an und bekam da einen tiefen Eindruck von dem Lichtermeer, das ich unter mir sah – es waren Erdöllampen, die an Ketten über der Straße hingen. Die Stadt da unten schien mir von gewaltigem Umfang – ein paar Jahre später habe ich gelernt, dass sie 46.000 Einwohner hatte. Die Bedeutung Stuttgarts lag damals eigentlich noch darin, dass sie Residenz und Sitz der Landesregierung war und etwa noch darin, dass sie Garnisonsstadt war. In Berge eingezwängt, ohne schiffbaren Strom, abseits von den Handelsstraßen, hatten Industrie und Handel hier nicht Fuß fassen können.

Aus Graf Zeppelins Rede in Stuttgart am 5. Juli 1913

Der Wagehals auf dem Eis und unterm Eis

Im Winter konnte öfter auf einem zugefrorenen Teich des Gutes Schlittschuh gelaufen werden. Aber der Vater pflegte jeweils zuerst das Eis mit einem starken Baumstück auf seine Stärke zu erproben. Einmal wartete nun Graf Ferdinand diese Erprobung nicht ab, sondern ging als kleiner Wagehals aufs Eis und – brach ein, ohne sich wieder heraushelfen zu können. Da fiel ihm ein, dass der Teich ja einen kleinen Zufluss habe. Dort müsse man an einer offenen Stelle ans Land kommen können. Blitzartig, wie dieser Gedanke ihn durchfuhr, machte er auch schon Bewegungen unter der Eisdecke und gelangte so schwimmend an das Ufer.

A. Vömel, „Graf Ferdinand von Zeppelin, ein Mann der Tat"

Hauslehrer Moser

Nach dem Ravensburger Hauslehrer Kurz, der die Erziehung der Kinder etwa bis zu Ferdinands 12. Lebensjahr leitete, kam ein Theologe ins Haus, Robert Moser mit Namen. Er hat zu Anfang der Achtzigerjahre seine Lebenserinnerungen verfasst.

Über seinen Schulplan schreibt Moser: Von Anfang an wich ich von dem Brauche ab, dem Lateinischen alles andere unterzuordnen. Ich räumte auch den Realien das ihnen gebührende Recht ein. Besonders suchte ich auf eine möglich anziehende Weise und mit gutem Erfolg, meine Zöglinge in der Geschichte und Geografie zu orientieren. ... Besondere Sorgfalt verwendete ich auf den deutschen Aufsatz und die Bildung des deutschen Stils. Ich gewöhnte meine Zöglinge an selbständiges Arbeiten und Denken und suchte es so einzurichten, dass ihnen das Lernen nicht entleidete. Als sittliches Bildungsmittel diente mir der Religionsunterricht und die biblische Geschichte. In diesem Fach liegt der Schwerpunkt des erziehenden Einflusses; und ein Hofmeister, der keinen Religionsunterricht geben dürfte, ist wohl Lehrer, aber nicht Erzieher. Denn alles andere Bilden bleibt auf der Oberfläche. Und es ist wahr, was Goethe sagt, dass jemand, der es zu sehr merken lässt, dass er an uns zu bilden sucht, kein Behagen erregt. Am ungezwungensten verbindet sich, was man zu sagen hat, mit dem Religionsunterricht, und der geht auch allein in die Tiefe.

Daneben wurde noch die praktische Arbeit in keiner Weise vernachlässigt. Im Gegenteil, der kleine Graf erhielt eine Hobelbank zum Schreinern. Und als er längst ein berühmter Mann geworden, besaß sein alter Hauslehrer noch ein Bücherbrett, das sein einstiger Schüler mit eigener Hand verfertigt und ihm verehrt hatte.

Graf Ferdinands Charakter

Als Graf Zeppelin schon die Höhe seines Ruhms erklommen hatte, da äußerte sich sein hochbetagter Lehrer einmal über den einstigen Schüler. Er rühmte vor allen Dingen seine scharfe Naturbeobachtung, und dann wusste er noch zu bekunden, dass Ferdinands Veranlagung mehr der praktischen Seite zugeneigt war. Der Knabe besaß ein sanguinisches Temperament, war begeisterungsfähig für Ideen, die er ergriffen, aber auch ausdauernd, wenn er sich einmal eine bestimmte Arbeit vorgenommen hatte. Außergewöhnlichen Wissens- und Forschungsdrang hatte er an ihm nicht wahrgenommen.

„Graf Ferdinand", schreibt Moser zusammenfassend, „war ein bildschöner Knabe, kräftig, ebenmäßig gewachsen, ähnlich seiner herrlichen Mutter, liebenswürdig, sanftmütig, herzensgut, reich begabt, doch mehr praktischer Natur, brav, gehorsam, willig zur Arbeit, wohlwollend gegen jedermann."

Wenn wir aber heute den hübsch geschriebenen, 36 Seiten starken Aufsatz durchblättern, mit dem der Dreizehnjährige im Jahr 1851 seine Eltern zum Geburtstag erfreute – er war das Ergebnis einer Sommerreise durch das Württemberger Land –, erkennen wir, dass zu einer solchen Leistung die Erziehungsgabe des Herrn Moser allein nicht hingereicht haben kann, sondern dass nur ein ganz ungewöhnlich begabtes Kind so scharf beobachtet und so anschaulich schildert.

In der Maschinenwerkstätte

Nach dem Essen fuhr man nach Esslingen. Eberhard, der unwohl geworden war, blieb mit einigen Damen zurück. Er lag, als wir mit der Eisenbahn an ihm vorüberfuhren, auf einer roten Mantille, einen Sonnenschirm in der Hand, auf dem Gras. Er sah wie ein chinesischer Mandarin aus. Gleich als wir angekommen waren, sahen und hörten wir, wie eine Alblokomotive mit furchtbarem Getöse den Dampf ausließ. Wir sahen da ganz und halb zerteilte Lokomotiven, und man erklärte uns die innere Einrichtung. Wir kamen auch in einen großen Saal, in welchem eine Menge eiserner Maschinen waren. Die meisten Stücke, an welchen wir arbeiten sahen, gehörten zu der Maschine des neuen Dampfbootes „Wilhelm." Alle diese Maschinen werden durch den Dampf getrieben. Das Hauptrad, welches man uns zeigte, drehte sich in einer Sekunde dreihundertmal herum. Es ist unglaublich, was der Mensch mit der Hilfe der Natur vermag!

Aufsatz Zeppelins 1851

Ein Besuch auf dem Lichtenstein

Bald traten wir den Weg auf den Lichtenstein zu Fuß an. Eine ordentliche Straße führt an einem Abhange seitwärts hinauf. Ehe man ganz droben ist, ist sie sehr schön durch die Felsen gesprengt. Wir klingelten, und der Verwalter öffnete. Es waren zwei Häuser zu beiden Seiten des Tores. Der Verwalter führte uns zuerst an der Zugbrücke vorbei auf einen Vorsprung, von welchem aus wir am besten sehen konnten, wie kühn das Schloss an den Abgrund auf Felsen hinausgebaut war. In dem Hofe standen an verschiedenen Lücken mehrere Kanonen, dann gingen wir über die Zugbrücke hinein. Gleich dahinter standen ein paar große Kanonen mit Kugeln dabei. Jetzt traten wir in das eigentliche Schloss. Hinter der Tür hing ein Gedicht, vom Herrn Grafen selbst gedichtet, über die Erbauung des Lichtensteins. Gerade vor uns war eine Türe, sie führte in den Rittersaal. Es waren einige Waffen darin aufgestellt, und er war prächtig eingerichtet. Dann wurden wir in den altertümlichen Speisesaal geführt. Er war dunkel getäfelt, eine Menge Sprüche und Verse waren an die Wand gemalt. Eine kleine Rednerbühne war in einer Fensternische, große Humpen und Trinkhörner hingen von der Decke herab. Nun gingen wir die erste Wendeltreppe hinauf. Da hing im Gang die schöne Rüstung, welche Graf Wilhelm in dem Turniere, welches der Vater und ich gesehen hatten, trug. Es wurden uns noch viele Zimmer gezeigt, viele Bilder hingen darin, und in den meisten waren Betten. Man bemerkte letztere jedoch nicht. Der Verwalter öffnete eines, es kam aus der Wand heraus, wie der Deckel eines liegenden Kastens. Es war dasselbe, auf welchem wenige Tage vorher der Dichter Ottmar Schönhuth gelegen. Er hatte viele Gedichte auf dem Lichtenstein geschrieben. Wir sahen auch das schöne Bett der Gräfin Theodolinde mit einem grünseidenen Himmel. Das hinterste Zimmer war eine Kapelle mit einer Orgel, darin hielt Gräfin Theodolinde ihren Gottesdienst. Dann ging es lange immer eine Wendeltreppe in den Turm hinauf. Endlich kamen wir unter einen großen blechernen Deckel, er wurde zurückgeschoben, und wir standen auf der Spitze des Turmes. Es war ein runder Boden, und die Mauer ragte darüber hinaus. Es sind lauter Zacken darin, und diese Zacken sind mit steinernen Platten bedeckt. Auf der äußersten Zacke, ganz am Abgrunde, wo die Bäume unter uns Halme zu sein schienen, drehte sich Graf Wilhelm den Tag, ehe wir droben waren, auf einem Fuß herum. Und ich hätte nicht einen Fuß darauf setzen mögen. Die Aussicht war ganz prachtvoll; gerade unter sich hatte man das Tal, die Häuser kamen uns wie Punkte, die Landstraßen wie Fäden vor. In der Ferne lag eine Menge Ortschaften, nur Reutlingen war hinter einem Vorsprung der Bergkette verschwunden. Als wir die Aussicht gesehen hatten, gingen wir wieder hinunter. An der Wand in der Mitte der Treppe war ein rundes Brettchen. Der Verwalter schob es hinweg und ließ mich in das dahinter vorgeklommene Glas sehen. Wie erstaunte ich, ein schönes Schloss zu sehen, es war wie in einem Panorama. Das Schloss war Hohenschwangau in Bayern. Dann wurden die Türen längs der Treppe geöffnet. Jede führte in ein Zimmer, in welchem Steinsammlungen, alte Waffen, indische und persische Mäntel, Turbans waren, auch das Gewehr, welches dem Grafen auf der Jagd zersprang, ohne ihn zu verletzen, und noch eine Menge solcher Requisiten.

Aufsatz Zeppelins 1851

Benehmen und Gesinnung

Ich habe meine Zöglinge an selbständiges Arbeiten und Denken
gewöhnt und es immer so einzurichten gesucht, dass ihnen das Lernen
nicht entleidete. Und es bildete sich dann auch unter dem Einfluss der
bevorzugten sozialen Stellung und bei einer Erziehung, bei der die einzelne Persönlichkeit zu ihrer vollen Geltung kam, eine frühe Selbstän-
digkeit, ein offenes, freimütiges Wesen und eine Sicherheit im Beneh-
men, die ich bewundern musste. Der Hauptschmuck aber war bei
allen die Entwicklung eines religiös-sittlichen Charakters, der schon
damals zu den schönsten Hoffnungen für das Mannesalter berechtigte.

Robert Moser, Lebenserinnerungen

In die Schule

Im Sommer 1853 zogen die beiden jungen Grafen mit ihrem Erzieher
nach Cannstatt: Eberhard zum Besuche des Gymnasiums, Ferdinand,
um in die oberste Klasse der Real- und Polytechnischen Schule ein-
zutreten. Man darf wohl daraus schließen, dass der Jüngling, der sich
schon für den Industriebetrieb der mütterlichen Familie, für die Ess-
linger Lokomotivwerkstätte und die Dampfschiffe auf dem Bodensee
so sehr interessiert hatte, auch jetzt dieser Neigung folgte.

Ferdinand von Zeppelin wird als fleißiger und guter Schüler gerühmt.

Zwei Jahre später siedelte er, den Traditionen der Familie getreu,
nach der Kriegsschule in Ludwigsburg über, um sich für die Offiziers-
laufbahn vorzubereiten.

DER REITEROFFIZIER IN DREI FELDZÜGEN

Soldatenblut

Graf Zeppelins militärische Laufbahn

21. Okt. 1855	in die I. Klasse der II. Abteilung der Kriegsschule in Ludwigsburg eingetreten
21. März 1857	nachträglich als Freiwilliger mit sechsjähriger Dienstzeit zur I. Abteilung assentiert
23. Sept. 1858	Leutnant und zum Generalquartiermeisterstab kommandiert
23. Mai 1859	in das Ingenieurkorps versetzt
4. Aug. 1859	in den Generalquartiermeisterstab einrangiert
22. Sept. 1862	Oberleutnant
31. März 1866	Hauptmann und Adjutant des Königs
13. April 1868	in die taktische Abteilung des Generalquartiermeisterstabs nach Berlin versetzt
22. März bis 23. Sept. 1863	dem Prinzen Wilhelm von Württemberg daselbst beigegeben
18. Dez. 1871	dem Generalstab aggregiert
10. Nov. 1873	Major
3. März 1879	Oberstleutnant
27. Jan. 1884	Oberst
29. Sept. 1885	Militärbevollmächtigter in Berlin
21. Okt. 1887	Übertritt in den Diplomatendienst
18. Aug. 1888	Generalmajor und General *à la suite* des Königs
13. Jan. 1890	aus der Stellung als außerordentlicher Gesandter und bevollmächtigter Minister am preußischen Hofe ausgeschieden
18. Nov. 1890	Generalleutnant
29. Dez. 1890	in Genehmigung seines Abschiedsgesuches mit Pension zur Disposition gestellt, als General *à la suite* des Königs von Württemberg

Nach Amerika

Während seiner Leutnantszeit nahm Zeppelin zweimal Urlaub. Das erste Mal gab er seinem Wissensdrang, das zweite Mal seinem Tatendrang nach. Im Jahr 1858 bezog er die Universität Tübingen, von der er im Mai 1859, als der italienische Krieg ausgebrochen war, zum Ingenieurkorps nach Ulm berufen wurde. Drei Jahre später wurde er Oberleutnant.

Bald darauf, im Jahr 1863, erbat er sich und erhielt er Urlaub, um am Sezessionskrieg in Nordamerika teilzunehmen.

Ein Gott im Busen …

Zu der Hochzeit seines Jugendfreundes, des Freiherrn G. von Woellwarth, war der Graf als Brautführer eingeladen worden. Ehe die Trauung aber stattfand, musste er nach Amerika abfahren. Als Entschuldigung schickte ihm Zeppelin die folgende Epistel:

Lieber Freund!

Dein frohes Fest, das längst mir freundlich lachte,
Nicht soll es mich zu seinen Gästen zählen,
Nicht werden soll, was ich so schön mir dachte –
Ein Gott im Busen ließ mich anders wählen.
Zwei Wege zeigt uns das Gesetz der Sitte,
Ein künftig Leben würdig zu bestehen.
Das Schicksal scheidet weitab unsere Schritte,
Lässt einen dich, und mich den anderen gehen.

Dir gibt die Liebe sicheres Geleite,
Sie wusste ihren Jünger sich zu finden.
An eines holden Engels Seite
Darfst Nutzen du dem Lieblichen verbinden.
Von eures Hauses frommer Weise
Wie sanfte Wellen sich bewegen,

25

Dehnt sich in immer größeren Kreisen,
Weit um euch hin des Himmels Segen.

Ich bin Soldat,
Mann rascher Tat.
Es drängt mich
Feindlich
Stille Sitte
Aus ihrer Mitte.
Ich darf im Scheiden
Sie nicht beneiden.
Ich muss im Kampf,
Muss im Pulverdampf
Prüfen den Mut
Und in Gefahren
Ruhigen Blick wahren,
Den Mann muss ich sehen,
Sein Herz verstehen,
Wie vor dem Feind er steht,
Dem Tod entgegengeht.
Schützet mich Gottes Hand,
Kehr ich zum Vaterland,
O schöner Augenblick,
Freudig zurück.

O guter Freund, auch mich treibt Liebe
In die durch Krieg erregten Fernen,
Des Vaterlands, der Menschheit Liebe.
Nur ihretwegen will ich lernen,
Wie ich den andern dienen kann.
Wie ich gebetet, wie ich kann,
Den rauhen Weg, ich muss ihn wallen,
Dir ist das schön're Los gefallen.

Zeppelins erster „Aufstieg"

Es war im Jahre 1863, als die französische Korvette Tisiphone, die längere Zeit im Hafen von New York gelegen hatte, nach Baltimore abging. Kurz vor der Abfahrt kam plötzlich noch ein Passagier an Bord, ein junger Mann von etwa 25 Jahren, der mit nach Baltimore wollte. Da Kriegsschiffe niemals Passagiere aufnehmen, so handelte es sich hier um eine besondere Vergünstigung, und der neue Ankömmling wurde auch vom Kapitän mit besonderer Hochachtung begrüßt. Er speiste dann mit dem Kapitän zu Abend, und es war bereits spät, als er sich zu den Offizieren des Schiffes gesellte. Es war ein lustiger junger Herr, der sogleich Leben in die Gesellschaft brachte und um die Erlaubnis bat, den französischen Seeleuten einen guten Tropfen Rheinwein vorsetzen zu dürfen, den er in seinem Koffer mit sich führte. Zwölf Flaschen wurden auf den Tisch gestellt, und bald war man sehr guter Stimmung. Die Offiziere aber hatten während der Nacht ihren Dienst zu tun; der eine nach dem anderen entfernte sich, und so blieben schließlich nur noch der Passagier und ein junger Seekadett beieinander, den die Pflicht nicht abberief. Sie tranken und plauderten die ganze Nacht zusammen, und als die letzte Flasche geleert war, unternahmen sie einen Spaziergang durch das Schiff, der schließlich auf der höchsten Stange des Bramsegels hoch oben auf der Spitze des Fockmastes endete. Dieses Kletterkunststück war ein Beweis, dass sie beide noch fest auf den Beinen standen. Für den Seekadetten bedeutete die Sache im Übrigen nichts Besonderes, denn das Wetter war schön und das Meer ruhig. Eine desto erstaunlichere Leistung war es für den Passagier. Denn er gestand seinem Kameraden, dass er als Kavallerieoffizier niemals vorher Gelegenheit gehabt hatte, einen Mastbaum zu erklimmen, dass dies sein erster „Aufstieg" in so luftige Sphären war. Das kühne Stückchen, das er bei dem unerschrockenen Mitklettern vollbracht hatte, sicherte ihm die lebhafteste Sympathie des Seekadetten, die er sich auch fernerhin für seinen Klettergenossen bewahrte. Der Passagier der Tisiphone gab dem anderen seine Visitenkarte, auf der die Worte standen: Graf Zeppelin, Adjutant Seiner Majestät des Königs von Bayern (muss natürlich Württemberg heißen). Der

27

Graf befand sich damals auf seiner Reise, um an dem amerikanischen Sezessionskriege teilzunehmen, und er hatte die Gastfreundschaft des französischen Schiffes in Anspruch genommen, um dem Kriegsschauplatz möglichst rasch näher zu kommen. Der Seekadett, der diesem „ersten Aufstieg" Zeppelins beiwohnte, wurde später Fregattenkapitän und Mitglied der französischen Akademie der Wissenschaften.

Temps 1915

Ein Reitergefecht

Zunächst beabsichtigte Zeppelin, kriegswissenschaftliche Studien zu treiben und den Wert des Milizheeres zu studieren. Der damalige Präsident Lincoln gab ihm die Erlaubnis zur freien Bewegung innerhalb der Heere der Vereinigten Staaten. So konnte er ganz nach seinem eigenen Ermessen seinen Beobachtungen nachgehen. Wie eine Zeichnung aus jenen Tagen zeigt, trug er während dieses Feldzuges württembergische Uniform. Es genügte ihm aber nicht, nur den Beobachter zu spielen. Bei Gelegenheit eines Flankenritts gegen Stuarts Reiter ließ er sich hinreißen, die Attacke mitzureiten. Dabei geriet er in höchste Lebensgefahr. Die feindlichen Reiter jagten ihm nach und beschossen ihn heftig. Eine Rettung schien ein Wunder. Aber Zeppelin hatte sich nicht umsonst in jungen Jahren schon zum glänzenden Reiter ausgebildet. Und seine Geistesgegenwart rettete ihn schließlich doch aus der gefährlichen Lage, in die ihn seine Unerschrockenheit gebracht hatte.

Der erste Ballonaufstieg

Er verfolgte die kriegerischen Operationen an verschiedenen Stellen, bis sie schließlich in der Belagerung einiger wichtiger Plätze versandeten. Bedeutungsvoll für sein späteres Wirken war vielleicht sein erster Aufstieg im Fesselballon bei St. Paul in Kanada, weil er ihm die Bedeutung der Luftfahrzeuge für Kriegszwecke vor Augen führte und den Gedanken in ihm aufkeimen ließ, sie ernsthafter als bisher für militärische Zwecke auszunutzen und weiterzubilden.

Eine abenteuerliche Expedition

Nachdem nun in dem amerikanischen Sonderbundskriege nichts mehr zu studieren war, ließ er seiner Abenteurerlust die Zügel schießen. Mit zwei Russen und zwei Indianern tat er sich zusammen, um eine kleine Forschungsreise zu den Quellen des Mississippi zu unternehmen.

Es existiert noch eine Fotographie, die von den Forschungsreisenden nach ihrer Rückkehr aufgenommen wurde. In malerischer Ausrüstung, mit verwilderten Bärten und mit allerlei nützlichem Gerät und Indianerpfeifen ausgestattet, der Graf mit einer Büchse bewehrt, ließen sich die Fünf abkonterfeien. Was an diesem alten Bilde besonders interessiert, ist der träumerische, in die Ferne schweifende Blick des Grafen, der seltsam mit dem Gesichtsausdruck seiner Gefährten kontrastiert und etwas von der romantischen Stimmung verrät, in der er diese Reise geplant und ausgeführt hat.

Und die Expedition war auch voller Abenteuer. Als sie sich unerwartet, infolge mannigfaltiger Schwierigkeiten, in die Länge zog, ging der Proviant aus. Das einzige, dessen sie in der Wildnis habhaft werden konnten, waren Wasserratten. Sie verzehrten sie eine Weile in gekochtem Zustand. Als aber das Wasser so selten ward, dass sie sich das Nötigste für den Durst nur noch aus einem Gewitterregen zu verschaffen wussten, dessen Wasser sie sorglich in einem aufgespannten Mantel sammelten, waren sie gezwungen, die unappetitlichen Tiere roh zu verzehren.

Ein Schwimmerstückchen

Auch aus dieser Zeit wird eine kleine Geschichte berichtet, die für die Denkweise des Grafen charakteristisch ist. Wenn sie nicht durch Pfarrer Vömel erzählt würde, der sie offenbar nach authentischen Berichten wiedergibt, wäre man geneigt, sie für eine jener erfundenen Anekdoten zu halten, die aus dem Charakter einer Persönlichkeit heraus entstehen und sie wahrer schildern, als es das Leben vermag. Vömel berichtet sie mit den Worten:

Der Graf hatte im Strudel der Niagarafälle die Beobachtung gemacht, dass ein Stückchen Holz zu einer bestimmten Stelle an einen Felsen getrieben wurde. Nun warf er ein zweites Stück Holz zu jenem Felsen ins Wasser, und dies wurde zu ihm zurückgetrieben. Da sagte er sich, wenn das H o l z jene Stelle erreicht und zurückkommt, kann ich es auch. Er warf sich ins Wasser und kam glücklich zu dem Felsen. Der Niagara zeigte sich ihm in seiner ganzen majestätischen Schönheit; von keiner anderen Stelle aus konnte man ihn so gut betrachten. Auch ein vollständig geschlossener Regenbogen war dort zu sehen, der sich im Wasser schloss und einen feenhaften Anblick gewährte. Richtig kam Zeppelin wieder ans Ufer.

A. Vömel, „Graf Ferdinand von Zeppelin. Ein Mann der Tat"

MIT HERZ UND HAND FÜRS VATERLAND

Eine Heldentat im 66er Kriege

Das Jahr 1866 rief den Grafen als Württemberger auf die Seite der Österreicher. Im Treffen bei Aschaffenburg am 14. Juli 1866 war das 8. Bundesarmeekorps, bei dem sich auch die Württemberger befanden, nach heftigem Widerstande geschlagen worden. Die hessische Division stand auf dem linken Mainufer, die württembergische auf dem rechten. Die Brücken bei Aschaffenburg und Stockstadt waren vom Feinde besetzt. Graf Zeppelin übernahm den Auftrag, die Verbindung zwischen beiden Korps herzustellen.

Um nicht von den preußischen Vorposten gefangen genommen zu werden, musste er einen großen Umweg machen, um an das Ufer des Mains zu gelangen. Sein Pferd war von der Hitze und dem langen Wege völlig erschöpft. Er konnte es nicht wagen, das Tier in den reißenden Strom zu treiben. Eile tat aber not, da der Feind sich bereits für die Schlacht zu entwickeln begann.

Da warf sich Zeppelin in voller Uniform, mit hohen, bis zum Oberschenkel reichenden Stiefeln und dem schweren Pallasch an der Seite, in die Fluten. Mitten im Fluss verließen ihn die Kräfte; er sank in die Tiefe. Es gelang ihm indes, sich vom Grunde wieder abzustoßen und an der Oberfläche frische Luft zu schöpfen. Dieses Manöver führte er mehrmals aus, bis er dem anderen Ufer so nahe gekommen war, dass er, bis zum Halse im Wasser sitzend, sich erholen konnte. Er erreichte dann auch glücklich die hessische Division, übergab dem Oberstkommandierenden die ihm anvertrauten wichtigen Papiere und kehrte auf demselben Wege über den Fluss zurück.

Das Abenteuer am 24. Juli 1866

Eine Offizierspatrouille, die Zeppelin führte, hatte sich zu weit vorgewagt und wurde von der preußischen Infanterie stark beschossen, so dass der Rückzug angetreten werden musste. Seine Leute vollführten diesen Rückzug unter guter Deckung. Graf Zeppelin aber wollte nicht absteigen und wurde nur dadurch gerettet, dass plötzlich das Feuer der Gegner aufhörte.

Später in Berlin lernte er einen preußischen General kennen, der ihn fragte, ob er nicht am 24. Juli 1866 in ein Rückzugsgefecht gegen Preußen verwickelt gewesen wäre. Der Graf bejahte es. Nun, so danken Sie mir Ihr Leben, sagte der General, ich kommandierte damals die preußischen Schützen, und als ich Ihren mutigen Rückzug wahrnahm, befahl ich, das Feuer einzustellen, da Ihr Tod für uns keinen Zweck gehabt hätte und ich ein nutzloses Opfer nicht herbeiführen wollte.

Geheimrat Hergesell nach Zeppelins eigener Erzählung

Wieder einmal in Lebensgefahr

Bei den bayrischen Manövern 1867 schwebte Zeppelin wieder einmal in Lebensgefahr. Er ritt in der Gegend des Lechfeldes mit einem seiner Reiter über Land, und sie gelangten an ein sehr tiefes und breites, sumpfiges Gewässer.

Der Graf hörte nicht auf die Warnung eines in der Nähe beschäftigten Bauern, sondern wollte geradewegs über den Sumpf setzen.

31

Sein Pferd erreichte aber nur mit den Vorderfüßen festen Boden. Die Gefahr, im Sumpfe zu ersticken, schien unabwendbar. Da schwang sich der tollkühne Reiter über den Kopf seines Pferdes hinweg zum Rande des Morastes und hielt das Pferd an den Zügeln so lange über Wasser, bis Hilfe kam, um es herauszuziehen.

Da saß Zeppelin wieder auf und ritt mit seinem Begleiter vergnügt, als ob nichts geschehen wäre, weiter.

Der Patrouillenritt im Juli 1870

Graf Zeppelin befand sich damals als württembergischer Generalstabs-offizier in Karlsruhe bei dem dortigen Armeekommando. Man wusste nicht, wie weit sich die Mac Mahonsche Armee nach Norden vorge-schoben hatte, insbesondere, ob bereits Weißenburg besetzt sei. Als all-gemein bedauert wurde, dass man hierüber keine Nachricht bekommen konnte, erbot sich der Graf für eine Offizierspatrouille, die Verhältnisse aufzuklären. Es war von höchster Bedeutung, dass Graf Zeppelin, wenn auch nach Verlust aller seiner Mannschaften, zurückkehren und die Meldung über den Stand der Mac Mahonschen Armee machen konnte.

Geheimrat Hergesell nach Zeppelins eigener Erzählung

Die Teilnehmer

Graf Zeppelin befehligt die mutige Schar,
Von Villiez und Winsloe, Gayling und von Vechmar.
Dann folgen vier Dragoner, Karabiner in der Faust,
So kommt die Patrouille durch Frankreich gesaust!
Juchheirassassa! Dragoner sind da!
So reiten Dragoner durchs Feindesland! Hurra!

Aus „Der erste Tote von 1870" von Prof. Dr. W. C. Faber

Die Überrumpelung von Lauterburg

In der Morgenfrühe des 24. Juli – es war ein Sonntag – erhielt Zeppelin in Hagenbach den Befehl aufzubrechen. Eine halbe Stunde später befand er sich mit seinen vier badischen Leutnants und sieben Dragonern bereits auf dem Ritt. Bei Lauterbach ging es über den Rhein und dann in scharfem Trabe nach Lauterburg, der ersten französischen Stadt.

Die Kriegserklärung war schon fünf Tage zuvor überreicht worden. Aber von Kriegsbereitschaft war in diesen Gegenden noch nicht die Rede. Es zeigte sich nirgends ein Feind, die Zugbrücke über die Lauter war nicht aufgezogen, das Stadttor nicht verschlossen.

Im Galopp mit gezogenem Säbel und Hurrageschrei stürmte die tollkühne Patrouille in die Stadt hinein, über den Marktplatz und zum anderen Tor wieder hinaus, ehe die erschreckten Einwohner, die eben auf dem Kirchgang begriffen waren, noch recht erkannt hatten, was für eine wilde Jagd da vor ihren Augen vorbeigestürmt war. Auch die Torwache am Ausgangstor stob erschreckt auseinander und kam gar nicht auf den Gedanken, von ihren Waffen Gebrauch zu machen.

Das Scharmützel von Neuweiler

Am Spritzenhaus in Neuweiler ist eine Proklamation des Kaisers Napoleon angeschlagen. Der Hauptmann Zeppelin, der in den Ort hineingeritten, um den Bürgermeister auszufragen, erblickte das Papier, reitet hin und will es herunterschneiden. Da kommen ein Gendarm und ein Lancier auf ihn zugeritten. In dem kurzen Kampf erhält der Lancier, Köhler mit Namen, einen wuchtigen Hieb, während Zeppelins Pferd verwundet wird. Der Gendarm fleht um Gnade und wird, als er erzählt, dass er Vater von acht Kindern ist, laufen gelassen, nachdem man den beiden ihre Papiere, die wichtige Angaben über die Grenzbesetzung enthalten, abgenommen hat. Mit dem Lancier hat der Graf später lange Zeit freundschaftliche Briefe gewechselt.

Zeppelins Pferd stürzt

Der Führer der Patrouille reitet jetzt das Gendarmenpferd, um das eigene, das einen Stich in den Hals abbekam, zu schonen. Beim Nehmen eines Grabens stürzt es. Es gelingt Zeppelin rechtzeitig abzuspringen, er besteigt das zweite französische Pferd, und weiter geht es, nachdem sie um drei Uhr eine zweite Rast gemacht, die bei der glühenden Hitze die Vorsicht gebot, auf Trimbach zu.

Das Tänzchen zu Trimbach

In Trimbach ist Kirmes. Die ganze Einwohnerschaft ist beim Tanzplatz versammelt. Plötzlich kommen im Galopp die zwölf Reiter daher gestürmt, sitzen ab, jeder ergreift eine Dorfschöne, tanzt eine Runde mit ihr, der Graf kommandiert: Aufsitzen! und davon jagen die Reitermänner, bevor die Bauern noch recht begriffen, was der tolle Spuk bedeutet. So kann man es wenigstens noch heute in dem Dorf erzählen hören.

Am Abend des ersten Tages

Noch einmal scheint ihnen an diesem Tag ein Kampf bevorzustehen: in der Ferne erblicken sie an die zwanzig französische Reiter. Aber sie verstecken sich, bis die Abteilung hinter einem Hügel verschwindet.

Schon wieder holen sie zu einem mutigen Streich aus. Sie überfallen ein Stationsgebäude an der Linie Weißenburg-Hagenau, zerstören die Telegrafenapparate und bemächtigen sich der vorhandenen Depeschen. Und nun reiten sie in den Wald von Schönenburg ein, in dem die Nacht verbracht werden soll.

Von hier aus sendet der vorsichtige Führer den Leutnant von Gayling mit zwei Dragonern zurück, der mit seinen wichtigen Papieren und Meldungen denn auch glücklich nach Karlsruhe gelangt ist.

Durch Wörth gegen Niederbronn

Die Nacht vom 24. auf den 25. Juli verbringt die kleine Schar im Walde. In aller Frühe brechen sie wieder auf und traben auf Wörth zu. Wieder gelingt ihnen die kecke Taktik, die sie bereits am Tag zuvor in Lauterburg angewendet hatten, wiederum stürmen sie mit verhängten Zügeln und blanken Säbeln durch das Städtchen, wiederum lässt der Schrecken jeden Angriff auf die kühne Schar vergessen.

Jetzt aber ist doppelte Vorsicht am Platze. Sie vermeiden jede Ort-schaft und halten nur, um die Pferde in einem Bach zu tränken. Sie sto-ßen bis gegen Niederbronn[2] vor, wo sie über die Felder, wo vierzehn Tage später die erste Schlacht vorfallen sollte, die genauesten Erkundi-gungen einziehen und so die Grundlage für den Feldzugsplan liefern. Trotzdem sie erfahren, dass in Fröschweiler und Reichshofen das 12., in Niederbronn das 11. Regiment der berittenen Jäger steht, wagen sie es noch, auf einem nahen Bahnhof den Telegrafen zu zerstören.

Eine gefährliche Rast

Die Pferde sind nun, nach all diesen Strapazen, nicht mehr so leis-tungsfähig, wie am Tag zuvor. Sie müssen unbedingt gefüttert und getränkt werden. In der Nähe liegt der Schirlenhof, ein Weiler von mehreren Bauernhäusern und einem Wirtshaus.

Da sich nichts Verdächtiges zeigt, kehren sie ein. Es werden Pos-ten ausgestellt, die Pferde erhalten ihr Futter, und abwechselnd tun sich die Reiter an der sauren Milch und den abgekochten Kartoffeln gütlich, die die Wirtin auftischt, ohne sich den Appetit durch das Bewusstsein verderben zu lassen, dass ihnen jetzt sicherlich Verfolger auf den Fersen sind. Graf Zeppelin hat die Karte vor sich liegen und gibt ruhigen Tones Anordnungen für einen etwaigen Überfall von feindlicher Seite.

---

2   Anm. des Verlags: Hiermit ist Bad Niederbronn gemeint, im Französischen Nieder-bronn-les-Bains, eine Gemeinde im Elsass.

Sie werden überfallen

Es ist zwölf Uhr. Plötzlich erschallt der Alarm der Wache: Raus! Gleichzeitig fällt ein Schuss, man hört Pferdegetrappel und französische Kommandorufe. Das tapfere Häuflein stürzt ins Freie, und in dem kleinen Hofe entspinnt sich ein Kampf. Schon wälzt sich der französische Wachtmeister Pagnier, von der Wache getroffen, in seinem Blute, der Leutnant de Chabot trifft den deutschen Leutnant Winsloe als erstes deutsches Opfer des Krieges, und die Übermacht der französischen Jäger nimmt schließlich die Deutschen, nachdem ein zweiter Leutnant schwer verwundet, gefangen, bis auf einen, den Grafen Zeppelin.

La bataille du Schirlenhof

Die Nachricht von dem Scharmützel gelangte noch am selben Abend nach Paris. Sie wurde dort in üblicher Weise aufgebauscht. Das 12. Chasseur-Regiment, dem ein Gendarm aus Wörth die Kunde von der verwegenen Schar überbracht, wurde vom Kaiser Napoleon zu seinem Erfolg beglückwünscht. Leutnant de Chabot, der dem schwerverwundeten Leutnant Winsloe am Totenbett noch in ritterlicher Weise die Hand gereicht und sein tiefes Bedauern über seine Verwundung ausgesprochen, wurde zum Ritter der Ehrenlegion ernannt, der verwundete Unteroffizier Pagnier erhielt die Militärmedaille.

> *Heimwärts rückten die Schwadronen.*
> *In Paris gab's abends Illuminationen,*
> *Dieweil gen „eine starke Macht"*
> *Gewonnen war „die erste Schlacht."*
> *Die hat man lustig im deutschen Land*
> *„Bataille du Schirlenhof" genannt.*
>
> Max Geißler, Die Schlacht auf dem Schirlenhof (1870)

Zeppelin entkommt

Nun erkannte Zeppelin, dass ein weiterer Kampf nutzlos sei. „Retten Sie sich, es ist nichts mehr zu machen", rief er dem Leutnant von Villiez zu und lief durch die Hintertür des Hauses ins Freie. Dort hielt die Wirtshausmagd ein französisches Pferd am Zügel, durch die Schießerei zu Tode erschreckt. Der Graf schwang sich hinauf und flog über Wiese und Bach hinweg dem nahen Walde zu.

Wohl sausen französische Kugeln ihm um die Ohren, doch Ross und Reiter kommen unversehrt in das schützende Dickicht. Er treibt das Pferd tief in den Wald hinein, bindet es an einem Baume fest, dringt noch tiefer in das Gehölz ein und erklettert einen der höchsten Bäume. Im Laubdach verborgen, wird er Zeuge davon, wie man die Mitglieder seiner Kolonne gefangen abführt, von der drei Mann und vier Pferde verwundet sind. Trotzdem seine Verfolger das Wäldchen umzingeln und durchsuchen, finden sie weder den deutschen Hauptmann, noch das französische Pferd.

Nochmals verfolgt

Noch einmal schwebte Zeppelin an diesem ereignisreichen Tag in großer Gefahr: als er auf der Straße, die von Reichshofen nach Wörth führt, eine feindliche Vedettenreihe durchbrach, die die Bestimmung hatte, ihn abzufangen. Stundenlang wurde er verfolgt, bis der Himmel ein Einsehen hatte und ein heftiges Gewitter losbrechen ließ. Endlich ließen die Verfolger von ihm ab.

Einkehr und Abschied

Es war schon ziemlich spät am Abend, als Ross und Reiter todmüde vor einem einsamen Gehöft in der Nähe von Langensulzbach anlangten. Die Nacht zur Flucht zu nutzen, konnte er dem müden Pferd nicht mehr zumuten. Der Bauer war noch nicht zu Hause, der Frau gegenüber gab er sich als französischer Wachtmeister aus, der nach Weißenburg unterwegs sei. Die Mägde sorgten für sein Pferd, er legte sich seelenruhig ins Bett. Der heimkehrende Bauer sieht im Stall das französische aufgezäumte Kavalleriepferd stehen und gibt sich zufrieden, ohne irgendeinen Verdacht zu hegen. Des Morgens in aller Frühe weist der Graf die Viehmagd an, ihm sein Pferd vorzuführen. Er hinterlässt auf dem Tisch ein Zwanzigfrankenstück für die gute Bewirtung, stärkt sich an dem Rest des Rotweins, den er in der französischen Satteltasche vorgefunden, und schwingt sich in den Sattel. In diesem Augenblick streckt der Bauer den Kopf zum Fenster heraus. Der deutsche Offizier lässt es sich nicht nehmen, den Mann mit einem fröhlichen „Guten Morgen!" zu begrüßen und trabt davon. Er hört noch, wie der Bauer entsetzt seiner Frau zuruft: Jesses, des isch jo e preißischer Offizier und au noch e hocher gewähn!

Wieder zur Grenze zurück

Jetzt kam vielleicht der ernsteste Teil des großen Erkundungsritts. Klüglich hielt sich Zeppelin von nun ab allen Ortschaften fern. In einem vielstündigen Dauerritt schlug er sich von Sulztal[3] bis an die Grenze durch, die er am 26. Juli, nachmittags 5 Uhr bei Schönau in der Pfalz erreichte, wo er alle seine wertvollen Wahrnehmungen dem preußischen General Obernitz meldete.

Vor Paris

Graf Zeppelin nahm im ferneren Verlaufe des Krieges noch an einer ganzen Anzahl Schlachten teil und zeichnete sich überall durch todesmutiges Draufgehen aus. Mehr als einmal schwebte er in Todesgefahr, aber selbst die Granate, die auf einem Dache platzte, das er in der Nähe von Paris eben zu einer Beobachtung bestiegen hatte, ließ ihn unversehrt.

---

3   Anm. des Verlags: Das heutige Soultzthal ist wahrscheinlich ein Weiler nahe des Soultzbaches.

Gedanken über die Lenkbarkeit des Ballons

Während der Belagerung von Paris hatte der Graf Gelegenheit, sich über die Bedeutung der Luftschifffahrt Gedanken zu machen. Mit Hilfe der Ballons, die bei günstigem Winde nachts in der belagerten Stadt aufgelassen wurden, gelang es damals, die Verbindung zwischen Paris und der Provinz herzustellen. Freilich war die Verbindung einseitig: der Weg von der Provinz in die Hauptstadt war nur durch die Lösung des Problems der Lenkbarkeit möglich. Auch diese Anregung hat den Geist Zeppelins für seine eigentliche Lebensaufgabe befruchtet.

Ein Artilleriekampf vor Paris

Die 9. württembergische Batterie wurde am 20. Dezember 1870 bei Noisy-le-Grand so unmenschlich beschossen, dass die Stellung unhaltbar schien – die Granaten und Schrapnells der schweren französischen Festungsgeschosse schlugen teilweise mitten in die Batterie ein.

Ein Teilnehmer hat später über diese kritische Lage berichtet. Da sah ich, erzählte er, den Generalstabsoffizier Grafen Zeppelin am rechten Flügel der Batterie. Den Donner der Geschosse, das Platzen der feindlichen Geschosse in unmittelbarer Nähe, das unheimliche Brummen der in der Luft fliegenden Granatsplitter und Projektile, das Zusammenstürzen der getroffenen Pferde, das Jammern der Verwundeten nicht achtend, nahm er, dem Pferde die Zügel lassend, mit geradezu erstaunlicher Ruhe und Kaltblütigkeit sein weißes Taschentuch heraus und schnäuzte sich höchst gemütlich, die Unterhaltung mit den anwesenden Offizieren fortsetzend. Diesen Moment haben übrigens außer mir noch andere gesehen, denn wir sprachen nachher des Öfteren den Kameraden gegenüber von dem Eindruck, den die vornehme, unerschütterliche Ruhe und Tapferkeit des Grafen in jenem Gefecht auf uns gemacht hat.

Ein Albumblatt Zeppelins

In einer Sammlung von Autografen, die im Frühjahr 1915 unter dem Titel „Aus Deutschlands großen Tagen" in Berlin dem Verkauf ausgesetzt wurde, befand sich ein Ausspruch des Grafen aus dem Jahr 1874. Er lautet:

Ehre und Ruhm sind schmeichelnde Zugaben des Glücks, doch nur das stete Bewusstsein seiner hohen Pflicht gegen das Vaterland vermag dem Soldaten im Frieden die Ausdauer, im Kriege den wahren Mut zu verleihen.

Straßburg i.E., März 1874

Graf von Z e p p e l i n

Major aggr. dem württ. Generalstabe

Flügeladjutant S. M. des Königs

Der andächtige Offizier

Während ich 1875 bis 1876 in Ulm diente, ist mir öfter im Militärgottesdienst ein Offizier aufgefallen, der, wenn er seinen Platz eingenommen, ein andächtig stilles Gebet verrichtete und nachher aufmerksam der Predigt zuhörte. Es machte immer einen tiefen Eindruck auf mich und war mir eine besondere Freude. Das war der Grund, warum ich mich nach dem Namen dieses Offiziers erkundigte, und ich erfuhr, dass er der Graf Zeppelin sei. Seit jener Zeit habe ich diesen Mann ins Herz geschlossen und ihn verehrt und mich immer aufrichtig gefreut, wenn ich später Gelegenheit hatte, ihn zu sehen.

Ein Augenzeuge

Im diplomatischen Dienst

Im Jahre 1885 wurde Zeppelin als württembergischer Militärbevollmächtigter nach Berlin abkommandiert. Zwei Jahre später wurde er daselbst zum Gesandten und bevollmächtigten Minister ernannt.

Als er die Stellung antrat, tat er es nur, nachdem er die Zusicherung erhalten hatte, dass er im Falle eines Krieges das Kommando über eine Reiterbrigade erhalten würde.

Der Graf gründet eine Familie

Mittlerweile hatte Graf Zeppelin auch eine Familie gegründet: „Es war im Jahr 1869, als Graf Ferdinand, damals nach Preußen zur Dienstleistung beim Generalstab und dem gegenwärtig regierenden König von Württemberg kommandiert, sich in Berlin mit der Freiin Isabella von Wolff aus dem Hause Alt-Schwanenburg in Livland verheiratete, die er bei Gelegenheit der Hochzeit seines Bruders, des württembergischen Kammerherrn Grafen Eberhard von Zeppelin mit deren Cousine Freiin Sonja von Wolff in Stomersee in Livland kennen gelernt hatte."
Generalmajor S. von Zepelin

In seiner Gattin fand der Graf eine tapfere Gefährtin, eine geistesverwandte Freundin, die Frau, die die Seelengröße besaß, ihr Leben mit dem eines unentwegten Idealisten zu verbinden. Charakteristisch ist, dass schon der Bräutigam seiner Braut den Willen kundgab, mit dem ihm verliehenen Pfunde wuchern zu wollen.

So trug sie auch gefasst die Prüfung, die ihr bald nach ihrer Trauung beschieden war: ihren Mann im Kriege zu haben und in den vordersten Reihen zu wissen.

Abschied

Als Graf Zeppelin im Jahre 1890 sein Abschiedsgesuch bewilligt erhielt, konnte er sich befriedigt zur Ruhe setzen: er hatte es zum General und zum bevollmächtigten Gesandten gebracht, er hatte in seinem Berufe alle Ehren erreicht und seine Pflicht redlich getan. Er trat aber in den Ruhestand, um seine eigentliche Lebensarbeit in Angriff zu nehmen.

DER GENERAL Z.D. ALS ERFINDER

Die Erfindung

Die Anregung zu der Erfindung

In zwei Kriegen, dem nordamerikanischen Sezessionskrieg und dem deutsch-französischen Krieg, hatte Zeppelin Gelegenheit, die Bedeutung der Luftschifffahrt für militärische Zwecke kennenzulernen.

Die Anregung, selbst darüber nachzudenken, erhielt er, wie Hauptmann Dr. Hildebrandt mitgeteilt hat, durch die Schrift „Weltpost und Luftschifffahrt" des Generalpostmeisters von Stephan, die im Jahre 1873 erschien.

Die darin ausgesprochenen Gedanken von der Bedeutung der Luftschifffahrt für den Verkehr lösten in dem Erfindergeiste die Vorstellung seiner Schöpfung aus, die in den Hauptpunkten bereits alle wesentlichen Kennzeichen trug.

Der erste Plan

Er hat schon im Jahre 1873 ein großes, starres, in Zellen eingeteiltes Luftschiff entworfen, freilich noch ganz ohne sich über die zu wählenden Maschinen für den Antrieb oder das für die Versteifung brauchbare Metall weitere Gedanken zu machen. In den Besprechungen seines nur in den weitesten Grundzügen festgelegten Planes hat Graf Zeppelin damals schon die kulturelle Bedeutung eines solchen Fahrzeuges für große Forschungsreisen betont.

Luftschiffbau Zeppelin, Festschrift

Denkschrift 1887

Festere Gestalt verlieh Graf Zeppelin seinen Anschauungen über Lenkluftschiffe durch eine Denkschrift, die er im Mai 1887 als königlich württembergischer Militärbevollmächtigter Sr. Majestät dem König Karl von Württemberg überreichte. Graf Zeppelin sprach sich dahin aus,

„dass man angefangen habe, die gefesselten Ballons zu einem für die Armeen unentbehrlichen System auszubilden, das aber nur im Festungskrieg eine bedeutende Rolle spielen werde, da das Fertigmachen des Ballons im Feldkriege zu viel Zeit und einen unbequemen Wagentross erfordere. Deutschland stehe in dieser Beziehung weit hinter Frankreich und England zurück, deren Ballondetachements schon gut ausgebildet seien.

Die Unvollkommenheit des Fesselballons hätten die Kriegsministerien der Großstaaten zu der Erkenntnis gebracht, dass eine bedeutende Einwirkung auf die Kriegführung nur durch Lenkballons zu erreichen sei, und es seien auch Aufwendungen für diesen Zweck gemacht worden, wobei Deutschland zurückgeblieben sei, während Frankreich, das nicht mit Mitteln karge, wo es sich um militärische Vorteile über die Nachbarn handle, schon Erfolge auf diesem Gebiete aufzuweisen habe, indem durch das Luftschiff „La France" der Hauptleute Renard und Krebs, das allerdings nur eine Eigengeschwindigkeit von fünf Metersekunden habe, die Möglichkeit der Lenkung unwiderleglich erwiesen sei.

Zur wirklichen Nutzbarmachung der freien Luftschifffahrt für militärische Zwecke sei daher nur noch erforderlich, dass die Schiffe auch gegen stärkere Luftströmungen vorwärts kämen, so dass sie erst nach längerer Zeit (mindestens 24 Stunden) zu landen genötigt seien, um weite Rekognoszierungen ausführen zu können, dass sie bedeutende Tragkraft besäßen, um eine größere Zahl von Menschen, Vorräten oder Sprenggeschossen mitführen zu können. Alle drei Anforderungen bedingten viel ausgedehntere Gasräume, also große Luftschiffe.

Wesentliche Fortschritte in der Vervollkommnung der lenkbaren Schiffe blieben dann nur noch zu machen in der Findung einer zum Durchschneiden der Luft geeigneteren Form und der Möglichkeit, ohne Ballastverminderung zu steigen und ohne Gasverlust zu sinken. Gelänge es, diese Probleme zu lösen, so sei der Luftschifffahrt eine noch ganz unschätzbare Bedeutung nicht allein für die Kriegführung, sondern auch für den allgemeinen Verkehr (kürzeste Verbindung durch Gebirge oder Meere getrennter Orte), für die Erforschung der Erde (Nordpol, Innerafrika) in der Zukunft gewiss."

Die Ausarbeitung des Projektes

Nachdem sich der Graf über die Prinzipien seines Problems klar geworden war, verband er sich mit dem Ingenieur Kober zur Ausarbeitung seines Projektes. Im Jahre 1890 war er in den Ruhestand übergetreten. Jetzt konnte er seine ganze Arbeitskraft auf seine neue Aufgabe richten, auf die er sich mit Feuereifer in der Zeit seines Lebens stürzte, wo andere das Recht zu haben glauben und nach solchen Taten auch das Recht haben, auf den gewonnenen Lorbeeren auszuruhen. Den größten Teil seines Vermögens und seine ganze Arbeit widmete er jetzt diesem Werke.

Was Zeppelin erstrebt

Nach dem Flug vom 1. Juli 1900 sprach sich Zeppelin über den Zweck seiner Arbeiten aus. Ich erstrebe, sagte er, ein Fahrzeug zu schaffen, das imstande ist, gerade dorthin zu gehen, wohin mit keinem anderen Transportmittel oder wenigstens nicht ebenso schnell oder ebenso sicher zu gelangen ist, und wohin zu kommen doch vom höchsten Werte wäre, z.B. nach noch unbefahrenen Küsten oder Binnenländern zu ihrer Erforschung oder zum Zweck der Postverbindung; nach Meeren, wo Schiffe aufzusuchen sind, in geradester Linie über Land und Wasser hinweg, von einer Flottenstation oder von einer Armee zur anderen behufs Verbringung von Personen, Befehlen oder dergleichen; weiterhin zur Beobachtung feindlicher Geschwader oder über feindliches Land zur Erkundung strategischer Vorgänge, wie Armierung von Festungen, Ansammlung und Bewegung von Armeen oder dergleichen (also nicht taktischer Vorgänge in der Nähe der kämpfenden Truppen) und Meldung nicht erst bei Rückkehr, sondern schon durch Taubenpost und Signale; von Kiautschau nach Peking usw. usw. Der Weg für solche Fahrzeuge kann nur durch die Luft gehen.

Auf den ersten Wurf gelungen!

In der Geschichte der Erfindungen zählt es zu den großen Seltenheiten, dass die Hauptmerkmale, welche einem ersten Projekt eigen sind, besonders insoweit sie mehr konstruktiven Charakter tragen, bis zu dessen Vervollkommnung unverändert beibehalten werden. Das Zeppelinluftschiff stellt einen solchen seltenen Fall dar. Die Hauptmerkmale, die ein heutiges Zeppelinluftschiff von anderen Luftschiffen unterscheiden, sind folgende:

die schlanke Form,

das Gerippe aus Aluminium,

die Einteilung des Gasraumes in eine große Zahl gleicher zylindrischer Zellen,

die Anordnung von zwei getrennten Gondeln,

die feste Verbindung der Gondeln mit dem Gerippe,

die Anordnung eines Verbindungsgangs zwischen den Gondeln,

die Anbringung der Luftschrauben in Höhe des Luftwiderstandsmittelpunktes.

Alle diese Merkmale wies das erste unter Leitung des Grafen Zeppelin von Th. Kober in den Jahren 1892 bis 1893 ausgearbeitete Projekt schon auf.

Luftschiffbau Zeppelin

Die Leistungen des Luftschiffes

Auf der Naturforscherversammlung 1908 in Stuttgart erklärte Zeppelin, welche Leistungen er von seinem Luftschiff erwarte.

Auf Grund der erreichten Geschwindigkeiten könne er Ziele in einer Entfernung von 1700 Kilometer noch sicher erreichen oder vermöge er, wenn er wieder zum Aufstiegsort zurückkehren wolle, 850 Kilometer weit zu fahren.

Das bedeute einen Aktionsradius, der von Berlin aus reiche bis zu den Lofoten, Petersburg, Moskau, der Krim, Konstantinopel, dem nördlichen Griechenland, Parma, dem nördlichen Spanien und den britischen

Inseln; ferner könne er in Etappen den Nordpol erreichen und eine Verbindung zwischen den ost- und westafrikanischen Kolonien herstellen.

– und wir!

Eine Prophezeiung über menschliche Kurzsichtigkeit

Nachdem die Ausführbarkeit seiner Projekte durch die Tat längst bewiesen war, sagte Zeppelin einmal, als die Rede auf seine früheren Kämpfe gegen die menschlichen Vorurteile kam, unter allgemeiner Heiterkeit seiner Zuhörer:
Der geringe Auftrieb in der Luft nötigte mich gleich zu Anfang zum Bauen in so gewaltiger Größe, dass ich den bald eintretenden allgemeinen Zweifel an der Gesundheit meines Verstandes voraussah.

Der „verrückte" Graf

Zeppelin hatte mit seiner Prophezeiung recht. Er wurde sehr bald bekannt, besonders in Stuttgart, das damals noch recht kleinstädtischen Zuschnitt hatte. Man sprach von ihm nur als von dem „verrückten" Grafen.

Dös ischt e Narr

Als ich im Jahre 1899 am Hoftheater zu Stuttgart[4] ein Gastspiel absolvierte, saß ich an der gemeinsamen Mittagstafel im Hotel Marquardt[5]. In einer Ecke des Speisesaales fiel mir ein äußerst lebhafter alter Herr auf, der mehreren Offizieren etwas zu demonstrieren schien. Ich fragte meinen Tischnachbar, ob er den Herrn kenne. Darauf antwortete mir

---

4   Anm. des Verlags: Das Hoftheater zu Stuttgart ist das heutige Wilhelma Theater.

5   Anm. des Verlags: Das Hotel Marquardt ist heute ein Büro- und Kulturhaus, mit Einzelhandel- und Gastronomieangeboten, sowie Theater- und Kinosälen.

der biedere Schwabe, indem er mir im Tone gutmütigen Bedauerns zuflüsterte: Dös ischt e Narr – ein Graf Zeppelin! Der guate Mann moint, er könnt' durch d' Luft fahre!

Schauspieler Dr. Tyrolt aus Wien

Dass der arme alte Mann
Doch den Wahn nicht lassen kann!

rief Ludwig Rieder in einem Gedicht aus, das mit den Versen begann:

Lang schon drang vom schwäbischen Meer
Seltsamliche Kunde her,
Dass dort einer, der scheint's toll,
Gar das Fliegen lernen woll'.
Sonderbar dünkt's manchem nur,
Als man Näheres erfuhr
Seltsam war's und kühn zumal,
Dass ein alter General,
Eben grad erst pensioniert,
Solche Plän' im Schilde führt:
Aufsetzt den Zylinderhut
Und mit keckem Jugendmut
Als ein Greis von sechzig Jahren
Sich versucht im Ätherfahren!

Wie die Fachleute in den 90er Jahren urteilen

Die Zeppelinschen Versuche waren höchst interessant und höchst wichtig. Sie haben aber zweifellos den unumstößlichen Beweis erbracht, dass sich ein Ballon nie praktisch verwertbar lenken lassen wird.

Ein hervorragender österr. Fachmann in der „Neuen Freien Presse" Wien

Trotz allen Scharfsinns und der Geldsummen, die für die Bauart und Herstellung solcher Spitzballone aufgewendet werden, muss es leider voraussichtlich stets ein fruchtloses Beginnen bleiben, mit den schwächlichen Riesenleibern dieser Ungetüme gegen schärfere Winde siegreich ankämpfen zu wollen. Der Ballon wird nie eine Geschwindigkeit von 12 m pro Sekunde erreichen.

Ein Professor der Technik.

Bei der großen Fläche, die ein Ballon, mag seine Form sein, wie sie will, dem Luftwiderstand darbietet, der sich bei Erhöhung der Schnelligkeit der Bewegung ins Kolossale potenziert, ist eine enorme treibende Kraft nötig. Diese ihrerseits erfordert wieder Mechanismen und Motoren, die unter allen Umständen mehr Gewicht haben, als der gegebene Ballon zu tragen imstande wäre. Die Vergrößerung des Ballons hülfe aber nichts, da dann die Widerstandsflächen abermals größer würden.

Ein sehr bekannter Luftfahrtfachmann

Ich bin so frei zu behaupten, dass dieses Zeppelinsche Luftschiff zu nichts anderem führen wird als zu einem Riesen-Fiasko.

Ein anderer Fachmann in der Zeitschrift für Luftschifffahrt

Er wolle aussprechen, dass er es für ein unnützes Bemühen halte, einen Ballon zu schaffen, der gegen den Wind flöge. Ein Ballon müsse große Dimensionen haben, wenn er genügend Treibkraft besitzen solle. Da er aber sehr empfindlich und zerbrechlich wäre, könne er nicht zum Fluge gegen den Wind eingerichtet werden. Ein praktisch lenkbarer Ballon müsse demnach für immer eine Utopie bleiben.

Kanonenkönig Maxim, 15. Juli 1900 in der Großbritannischen Aeronautischen Gesellschaft

Eine Bekehrung

Ein bedeutender Fachmann sagte damals zu seiner Frau: Wenn du je hörst, dass ich mich mal mit dem Bau eines lenkbaren Ballons abgebe, dann kannst du sagen, ich bin verrückt geworden.

Diesem Manne hat es das deutsche Volk, allerdings viele Jahre später, zu danken gehabt, dass es in den Besitz der Zeppeline gekommen ist.

Ein Schmarrn

Der deutsche Kaiser unterhielt sich einmal mit dem Kommandeur der Luftschiffertruppe über die verschiedenen Systeme. Er berührte dabei auch das Zeppelinsche und wollte das Urteil des Offiziers darüber hören – er solle mit ungeschminkter bayrischer Offenheit reden.

Der Offizier überlegte einen kurzen Augenblick, dann platzte er entschlossen heraus:

Majestät, ein – Schmarrn!

Ministerielle Begutachtung

Ein Minister äußerte, er könne sich keine große Seligkeit davon versprechen, wenn man von Berlin eine halbe Stunde schneller nach St. Petersburg gelange.

Appell an eine Sachverständigenkommission

Graf Zeppelin ließ sich durch all diese Aussprüche nicht im Mindesten beirren. Nachdem er mit Kober seine Projekte ausgearbeitet hatte, bat er den Kaiser, eine gelehrte Sachverständigenkommission einzusetzen, um ein Gutachten darüber zu erlangen.

Der Herren Gelehrten Urteilspruch

Als eine Kommission von Gelehrten über die erste Eisenbahn zu Rate saß, gelangte sie zu dem Urteil, dass nicht nur die Benutzung dieses neuen Beförderungsmittels gesundheitsschädlich sein würde, sondern dass auch sein Anblick geeignet wäre, die Zuschauer ernstlich an der körperlichen und geistigen Gesundheit zu schädigen.

Dieselbe Geschichte erzählt man sich heute auch von jenem Luftschiffsachverständigenkollegium.

Das wird nun ja wohl eine kleine Übertreibung sein, aber im Grunde ist kein großer Unterschied dabei, wenn die gelehrten Herren in ihrem Endgutachten dem verdienten General die Belehrung erteilten: Über solche schwerfällige Apparate schreiten die Ereignisse des Krieges fort.

Der berühmte Physiker Helmholtz hatte früher einmal nachzuweisen versucht, dass es unmöglich sein würde, mit so großen Körpern die Luft zu besiegen.

Im Bewusstsein der Richtigkeit seiner Voraussetzungen und Berechnungen sprach Zeppelin den Wunsch aus, dass gerade Helmholtz den Vorsitz über die Kommission übernehmen möchte.

Im März 1894 hatte die Kommission ihre erste Sitzung. Helmholtz, der grundsätzliche Gegner solch großer Luftschiffe, ließ sich überzeugen. Nach Kenntnisnahme der Pläne und Zeichnungen erklärte er das Projekt für „sehr beachtenswert" und „nicht unausführbar."

Aber unglücklicherweise starb der Gelehrte, bevor die Kommission ihr Endurteil abgab. Trotzdem er freimütig bekannt hatte, dass er seine Meinung, wonach die heutigen Mittel der Technik eine befriedigende Lösung des Flugproblems noch nicht gestatten, geändert habe, ließen sich die weiteren Begutachter des Projektes in ihrer Ansicht doch nicht wankend machen. Und so lautete das Endurteil, das Ende des Jahres eintraf, durchaus ablehnend: „der Plan sei praktisch unverwertbar."

Durchhalten!

Und nunmehr beginnt für Zeppelin eine Zeit, in der sein Charakter den Ausschlag geben sollte. Major von Tschudi hat mit Recht betont, dass „Zeppelins Verdienst nicht sowohl darin liegt, dass ihm die Konstruktion seines Luftschiffes gelang, sondern auch, dass er die unzähligen Widerstände überwand, denen eine weniger heldenhafte Natur unterlegen wäre." Noch teurer als der Erfinder ist dem deutschen Volk der Held Zeppelin, weil er vielleicht noch mehr als durch seine geniale Erfindung ihm durch seinen vorbildlichen Charakter geschenkt hat.

„Mein Ziel ist klar"

Als der Graf 1894 mit seinem Vetter, der gleich ihm General gewesen, einmal über seine Pläne sprach, erzählte ihm der Vetter, er habe gerade in den „Lebenserinnerungen" von Ernst von Siemens gelesen, dass dieser bedeutende Techniker die Konstruktion eines Luftschiffes für aussichtslos halte.

Lächelnd erwiderte der Graf: Das habe ich auch gelesen, wie wohl alles, was sich auf mein Problem bezieht und in neuerer Zeit geschrieben worden ist. Das darf mich aber nicht stutzig machen; denn für mich tritt naturgemäß niemand ein, weil keiner den Sprung ins Dunkle wagen will. Aber mein Ziel ist mir klar, und meine Berechnungen sind richtig!

Was seine Aufgabe ist

Ich nehme es keinem Menschen übel, wenn er mich für einen Toren hält; deshalb weiß ich doch, dass es meine Aufgabe ist, ruhig weiterzuarbeiten und meine Idee, die ich für richtig erkannt habe, weiter zu verfolgen.

Ausspruch des Grafen

Zeppelin als Plagiator

Nicht bloß für einen Toren hielt man Zeppelin, sondern man erklärte ihn auch für einen Plagiator. Besonders die österreichischen Zeitungen behaupteten, er habe die Ideen des Österreichers David Schwarz benutzt. Die Frankfurter Zeitung vom 19. Juni 1908 noch brachte einen dem Neuen Pester Journal entnommenen Artikel mit der Überschrift „Der Erfinder der Zeppeline."

Er wehrt sich

Auf die Anwürfe der österreichischen Zeitungen antwortete Zeppelin im „Neuen Wiener Tagblatt" durch einen sehr offenen Brief, in dem er Folgendes mitteilte:

Nachdem ich schon im Jahre 1873 mein Luftschiff in seinen Grundzügen ausgedacht hatte, begann ich im Jahre 1892 mit dessen Konstruktion und Bearbeitung und legte im Jahre 1894 meine fertigen
Arbeiten einer aus den ersten Fachmännern gebildeten Kommission
vor. Dass ich erst im Jahre 1899 den Bau meines Luftschiffes in Angriff
nehmen und 1900 den ersten Aufstieg unternehmen konnte, hatte seinen Grund lediglich in der Unmöglichkeit, früher die Mittel zum Bau
flüssig zu machen. Aus der Tatsache also, dass ich bereits 1892, also
zu einer Zeit, in der ich von dem Schwarzschen Luftschiff noch gar
nichts wissen konnte, mit der Konstruktion meines Luftschiffes anfing
und dieses 1894 durch eine Kommission begutachten ließ, dürfte zur
Genüge hervorgehen, dass meine Arbeiten nicht die Fortsetzung der
Schwarzschen Arbeiten sein können, sondern vor diesen vorhanden
waren. Außerdem ist der Grundgedanke bei dem Bau der beiden Luftschiffe durchaus verschieden, indem das Schwarzsche Luftschiff einen
ungeteilten starren Gasraum aufwies, während meine Luftschiffe 17
einzelne unstarre Gaszellen haben.

Selbst von den Kameraden verlassen!

Vielleicht das Schlimmste, was Zeppelin nach der Ablehnung durch
die Sachverständigen widerfuhr, war die Ablehnung, die ihm sogar bei
seinen Kameraden zuteilwurde, trotzdem sie seit seinen Taten im 70er
Krieg persönlich den größten Respekt vor ihm hatten. Sogar amtliche
Stellen warnten sie vor dem Erfinder!

Die einzigen Gläubigen

So stand der Graf ganz allein. Denn zur Verwirklichung seiner Pläne
konnten die treue Gattin und Tochter auch nicht mehr beitragen, als
das Häuflein von Bodenseekapitänen, die allein auf weiter Welt Vertrauen zu seinen Ideen hatten.
Die hatten nämlich in den Neunzigerjahren schon ein Boot neben
sich herfahren sehen, das durch eine Luftschraube bewegt war. Zep-

pelin hatte es geführt, der es benutzte, um seine Motoren und Luft-schrauben auszuprobieren. Seitdem die alten Bodenseebären dieses Boot gesehen hatten, waren sie überzeugt, dass sein Lenker auf dem rechten Wege war, und ließen sich auch weder durch Misserfolge noch durch gelehrte Urteile in ihrer Überzeugung wankend machen.

Nostra culpa!

Was haben denn wir dazu getan, die wir jahrelang den Grafen Zeppe-lin laut oder leise verspottet haben als einen, der an einer fixen Idee leidet? Nicht w i r haben das alles erreicht, sondern e r allein, und nicht m i t uns, sondern g e g e n uns. Den härtesten Kampf hat Graf Zeppelin nicht gegen den Luftwiderstand und nicht gegen wider-spenstige Propeller ausgekämpft, sondern gegen u n s , seine nachsich-tig lächelnden Zeitgenossen, die jeden seiner Misserfolge immer mit einem selbstbewussten „natürlich" quittiert haben.

Leipziger Neueste Nachrichten, Spätsommer 1907

DER HELD NACH DREI FRONTEN

Im Kampf gegen die Mitwelt

„Träumer", „Narren", Helden

„Träumer" gibt es zum Glück, die sich so schelten lassen, die es auch ruhig hinnehmen, wenn man sie „Narren" nennt, und die hartnäckig an der Verwirklichung ihrer Ideen weiterarbeiten, bis eines schönen Morgens die Welt sie als Pioniere begrüßt, als Helden feiert. Und Helden sind sie auch – nicht so sehr, weil ihr Werk gelungen, denn gelingen und misslingen hängt vielfach von äußerlichen Zufälligkeiten ab – sondern weil sie ausgeharrt haben, weil nichts sie zu entmutigen vermochte, weil sie die Kraft zu w o l l e n hatten. Wäre Zeppelin zufällig früher gestorben, als er sein lenkbares Luftschiff vollendete, so wäre seine daran gewandte Arbeit doch als das gleich bewundernswerte Heldenstück zu betrachten, so wäre er unter Millionen Toren doch ein Weiser gewesen.

Bertha von Suttner

Ein Spruch Zeppelins

Wer seine Überzeugung der Nachwelt nicht zum Verständnis bringen konnte, hat das Leben eines Narren gelebt.

Autograf des Grafen Zeppelin in der Sammlung Prof. L. Darmstädter

Kgl. Bibliothek, Berlin

Der erste Anlauf

1873	der Grundgedanke
1892/3	Ausarbeitung des Projektes mit Ingenieur Kober
1894	ablehnendes Urteil der Sachverständigenkommission

Der zweite Anlauf

1896 Dez.	Aufruf des Vereins Deutscher Ingenieure zugunsten Zeppelins
1898 Juni	Gründung der Aktiengesellschaft zur Förderung der Luftschifffahrt (Kapital 800.000 Mk.)
1900	Aufstieg des Luftschiffes, aber
1901	die Gesellschaft aus Mangel an Mitteln aufgelöst
1901	Absage des Kieler Ingenieurtags

Der dritte Anlauf

1903 Juni	Moedebecks „Aufruf an Deutsche"
1903 Okt.	Zeppelins Notruf in der „Woche"
1904	Beginn des Baus des zweiten Luftschiffes
1906 Jan.	das gestrandete Luftschiff wird zertrümmert, alle Mittel erschöpft

Der vierte Anlauf

1906	das dritte Luftschiff wird erbaut, aber die Lotterie in Preußen, die es bezahlen soll, nicht genehmigt
1906 Okt.	zwei Aufstiege ohne Unfall
1906	eine zweite Lotterie in Württemberg und eine in Preußen genehmigt
1907 15. April.	der Reichstag genehmigt 500.000 Mark Reichshilfe
1908	weitere Reichshilfe genehmigt
1908 1. Juli.	Schweizerfahrt
1908 3. und 4. Aug.	Rheinfahrt – Echterdingen

Vor den deutschen Ingenieuren

Im Jahre 1896 wandte sich der Graf, nachdem die Wissenschaftler versagt hatten, an die Männer der Praxis, die Techniker. Im Verein Deutscher Ingenieure hielt er einen Vortrag über sein System, in dem er unter anderem sagte:

„Von mir als einem der jüngsten Schüler Ihrer Wissensgebiete sind keine Entdeckungen noch nicht bekannter Naturgesetze und keine Begründungen neuer Lehren zu erwarten. Meine Beobachtungen betrafen nur die Anwendung bereits vorhandener Erkenntnisse auf den jüngsten Zweig technischen Schaffens, den Luftschiffbau; hier aber hat das durch meine Aufgabe gebotene Hineinleuchten in manche noch ungenügend erhellte Fragen gewiss größere Klarheit gebracht."

Im Folgenden gibt er nun einen Irrtum Newtons bekannt und wie das Gesetz lauten muss. Mit dieser wissenschaftlichen Erkenntnis, die Zeppelin in seiner Bescheidenheit nicht als Entdeckung noch nicht bekannter Naturgesetze verzeichnet haben will, hat er eine neue Grundlage für die Luftschifffahrt gegeben.

„Möchten Sie es als Ihre vaterländische Pflicht betrachten, die Prüfung des von mir Geschaffenen nicht mehr ruhen zu lassen, den Meinungskampf darüber sofort mit mir zu eröffnen, um tunlichst bald zu einem abschließenden Urteil zu gelangen. Wenn es gegen mich ausfällt, wenn Sie b e w e i s e n , dass ich mich geirrt habe, ich werde Ihnen auch dafür von Herzen dankbar sein. Denn der Schmerz, dass meine Arbeit vergeblich gewesen, wäre unendlich leichter zu tragen als das Leben mit dem Glauben in der Brust, dem Vaterland eine herrliche Gabe bereitet zu haben und dabei sehen zu müssen, dass das Kleinod nicht erkannt und darum nicht aufgegriffen wird."

Graf Zeppelin

Der Aufruf der Ingenieure

Bei den Ingenieuren fand Zeppelin die Hilfe, die ihm von den Gelehrten versagt worden war. Am 30. Dezember 1896 erließ der Verein einen warm gehaltenen Aufruf. Darin wurde auf die Schwierigkeiten verwiesen, die sich seinerzeit dem Eisenbahnbetrieb in den Weg gestellt hätten, und ausgeführt, dass das Projekt auch keinen größeren begegne. Freilich dürfe man nur langsame Fortschritte erwarten, aber einen solchen würde der Bau eines Zeppelinluftschiffes bilden.

Schließlich wandte sich der Aufruf an die Wohlhabenden zur Unterstützung der Sache, wobei auf die Zuwendungen Frankreichs, Nordamerikas und Englands für ähnliche Zwecke verwiesen wurde. „Sollte die deutsche Technik nicht auch ihren Anteil an der Lösung dieser Sache haben und nehmen?"

Gleichzeitig bildete der Verein einen Sachverständigenausschuss, der im Juni 1897 sein Urteil dahin abgab, dass Zeppelin auf dem Wege zum Erfolg sei. Auch der Begründer der Luftfahrerzeitschrift, Moedebeck, trat warm für das Projekt des Grafen ein.

Gründung der Gesellschaft

Jetzt konnte der praktische Erfolg dieser Aufrufe nicht mehr ausbleiben. Es flossen 400.000 Mark zusammen. Zeppelin selbst legte von seinem Vermögen 400.000 Mark dazu, und so konnte am 28. Juni 1898 die „Aktiengesellschaft zur Förderung der Luftschifffahrt" mit einem Stammkapital von 800.000 Mark ins Handelsregister des Amtsgerichts Stuttgart eingetragen werden.

Der erste Aufstieg

Am 2. Juli 1900 lag der erste Starrballon zum Aufstieg bereit.

Sein Schöpfer und Führer sprach mit allen Beteiligten ein lautes Gebet und vertraute sich dann dem Fahrzeug an.

Die Fahrt verlief nicht glücklich. Aber die Teilnehmer kamen heil und unversehrt wieder auf den festen Boden. Und wenigstens in dieser Hinsicht meinte es das Schicksal gut mit dem Erfinder: in den 13 Jahren seiner Schifffahrt, konnte Major Hildebrandt am 5. Juli 1913 schreiben, hat Zeppelin kein Todesopfer zu beklagen gehabt.

Dr. E. in der Frankfurter Zeitung

Die Presse behandelte ihn nicht sehr glimpflich. In den spärlichen Notizen, die z.B. die Frankfurter Zeitung darüber brachte, findet man am 3. Juli 1900 das Urteil: „Die Lenkbarkeit erscheint problematisch." Am 4. Juli trug eine ergänzende Mitteilung unter dem Strich die Überschrift: „Viel Lärm um – wenig."

Interessant ist, dass ein „Dr. E." die kleinen Notizen abfasste. Fünfeinhalb Jahre später ist der in gleichem Stil geschriebene Bericht über die Zerstörung des Zeppelinluftschiffes bei Kißlegg von „*Dr. Eckener*" unterzeichnet – demselben, der später ein begeisterter Anhänger und treuer Mitarbeiter des Grafen wurde.

Das Fiasko

Dreimal stieg das Luftschiff auf, dreimal stieß ihm ein Missgeschick zu. Das war im Juli und Oktober 1900.

Im Januar 1901 hielt Zeppelin in der deutschen Kolonialgesellschaft in Berlin einen Vortrag. Vor der Sitzung erschien der General von Hahnke, der Chef des Kaiserlichen Militärkabinetts und überreichte dem Grafen trotz des Pechs, das er bei seinen Versuchen gehabt, ein Kaiserliches Handschreiben und den Roten Adlerorden I. Klasse.

Aber auch dieser Gnadenbeweis konnte den Zusammenbruch nicht mehr aufhalten. Die Gesellschaft musste aus Mangel an Mitteln aufgelöst werden, der Kieler Ingenieurtag gab im Gegensatz zu jenem früheren günstigen Urteil ein ablehnendes ab, und nun versagte auch ein Appell an die allerhöchste Stelle. Zeppelin erhielt auf seine Bitte, dem Kaiser Vortrag halten zu dürfen, wohl eine bejahende Antwort, aber mit dem Zusatz, dass ihm der Zeitpunkt dafür noch mitgeteilt werden würde. Das ist aber nie geschehen.

Abermals ist das Unglück einer Sachverständigenkommission zuzuschreiben, dieses Mal nicht Gelehrten, aber Praktikern, die sich von der schlechten Erfahrung der drei Versuche, trotzdem durch sie die Lenkbarkeit erwiesen worden war, hatten bestimmen lassen. Auch spielte die Streitfrage: starr oder nichtstarr? herein.

Eine Autorität verstieg sich damals zu dem Satz: Das Monstrum steigt nicht wieder!

Nach der Begutachtung

… Keine der beiden zur Begutachtung seiner Arbeiten berufenen Kommissionen hat den Beweis, dass er mit seinen Arbeiten unrecht habe angetreten, sondern in beiden Fällen musste sich der Graf mit

Gutachten, die den Kern der Sache umgingen und lediglich die Anerkennung seiner patriotischen Arbeit aussprachen, begegnen. ... Alle Mühe und Arbeit, das Ergebnis zahlloser beim Studium am Schreibtische durchwachter Nächte sollte vergebens, ein Lebenswerk sollte vernichtet, ungeheure Opfer sollten umsonst gebracht sein, nicht durch den jedes Gefühl der Ungerechtigkeit ausschließenden G e g e n b e - w e i s , sondern durch vielfach aufrichtige, aber irrtümliche G e g e n - m e i n u n g , vielleicht auch durch nicht selbstlose Arbeit einzelner befangener Naturen.

Ein kurzes Streiflicht auf die Tiefe des Schmerzes, den Graf Zeppelin damals empfand, wirft eine Stelle aus einem Brief, den er nach dem Bescheid des Vereins Deutscher Ingenieure an einen Freund schrieb, der an einer Verletzung darniederlag: „Ich bin auch invalide geworden, mir ist das Herz gebrochen!" sagte er in kurzen Worten, die ein Beweis dafür sind, dass auch dieser eiserne Mann vorübergehend einer Stimmung unterlag. Aber nur für kurze Augenblicke.

Luftschiffbau Zeppelin

Im Kampf gegen die Geldnot

Graf Zeppelin bittet um Hilfe

Der Graf Zeppelin aber nahm einen neuen Anlauf. So sehr hing er an seiner Idee, war er von ihrer Güte überzeugt, dass er es über sich gewann, persönlich um Hilfe zu bitten. Er verfasste einen kurzen Aufruf und versandte ihn an 6000 Männer im Deutschen Reiche. Dem Aufrufe lagen eine Reihe von frankierten Postanweisungen bei. Das Ergebnis war gering: in zwei Monaten brachten die verschickten 60.000 frankierten Anweisungen ganze – 8000 Mark ein, und wieviel davon mag noch widerwillig, nur um den unbequemen Bittsteller loszuwerden, gegeben worden sein!

Moedebecks „Aufruf an Deutsche"

Auch ein anderer warb damals um materielle Unterstützung des Unternehmens: wieder war es Oberstleutnant Moedebeck, dieses Mal mit seinem im Juni 1903 erschienenen „Aufruf an Deutsche", in dem er unter anderem sagte:

„Wir bilden uns wohl etwas darauf ein, als Volk des Denkens eine Sache zu ergründen und das Richtige zu treffen. Wir sollten aber nicht vergessen, dass in dieser uns bezeichnenden Eigenschaft nichts liegt, was uns zu eitlem Stolz verleiten könnte, denn eine Förderung der Luftschifffahrt kann nur durch Schaffen erreicht werden, für welches das Denken allemal nur der erste Schritt ist. Raffen wir uns daher auf, auch dem Grafen von Zeppelin die Möglichkeit zum Schaffen wieder zu gewähren! … Wir können uns dazu beglückwünschen, in unserem deutschen Volke noch Optimisten zu haben, die trotz aller ihnen in den Weg gelegten Hindernisse den Mut nicht verlieren. Aber der Mutige siegt oder er stirbt! Sorgen wir also dafür, dass wir ihm durch unsere Gefolgschaft zum Siege verhelfen."

Der Graf ließ sich durch den Misserfolg nicht beirren. Am 3. Oktober des gleichen Jahres veröffentlichte er in der „Woche" seinen

„Notruf zur Rettung der Luftschiffahrt"

Ein Heer falscher Propheten ist mit dem selbstbewussten Ton des eingebildeten, überlegenen Wissens daran, der Welt weiß zu machen, die sichere Durchquerung der Luft auf die weitesten Strecken werde mit Ballonschiffen wohl niemals, eher noch mit dynamischen Flugmaschinen möglich werden. Das Scheitern oder die ungenügenden Erfolge einer großen Anzahl von Flugschiffen scheinen ihnen recht zu geben.

Wenn die öffentliche Meinung weiterhin ohne Widerstand misstrauisch gemacht wird und die nächstjährige Weltschau in St. Louis ohne Vorführung eines sicher, schnell und lange fahrenden Luftvehikels vorübergeht, so wird für absehbare Zeit niemand mehr Aufwendungen zur Lösung des Problems machen können. Rettung vor diesem bedauernswerten Untergang ist nur noch möglich, wenn es gelingt, in dieser letzten Stunde der Welt das Vertrauen zur Sache wiederzugeben …

Eine kurze Spanne Zeit –und Witterung, Sturm und Wellen werden mein lagerndes Material unverwendbar gemacht haben, meine letzten geschulten Gehilfen werden mir nicht mehr zur Verfügung stehen – die letzten Mittel, die ich selbst zu diesem Zweck zu opfern vermag, werden erschöpft sein – und die Gebrechen des Alters oder der Tod werden meinem Schaffen ein Ziel gesetzt haben.

Wer wagt zu hoffen, dass in naher Zukunft die Gunst des Schicksals und die Förderung durch seine Mitmenschen einem anderen so weit helfen werden, wie mir geholfen wurde?!

Findet sich jener andere aber nicht, so fällt mit mir die Aussicht dahin, jene Flugschiffe zu erhalten, die nach klar vorgezeichneter Entwicklung das Innerste des feindlichen Landes, seine Festungen und Häfen erkunden, die als fliegende Funkentelegrafenstationen die weitesten Verbindungen improvisieren lassen, die die entlegensten Posten mit der Kulturwelt verbinden, die Pole gefahrlos erreichen, die unerforschten Gebiete erschließen und endlich das sicherste, schnellste und zugleich behaglichste Reisemittel werden.

Darum eilt, die ihr solche Flugschifffahrt haben wollt, dem die Mittel zu bieten, der allein sie euch schaffen kann! Eilt! Sonst werdet ihr das in die Tiefe versinkende Kleinod nicht mehr erfassen können!

Noch ein Notruf des Grafen

Und als auch dieser erschütternde Notruf nicht die erwünschte Wirkung tat, sandte im Jahr 1904 der Graf noch einen zweiten hinaus.

„Meine Aufrufe", sagte er, „sind mit Ausnahme eines verschwindend kleinen Teiles im weiten Deutschen Reiche ungehört verhallt!" Und er schließt mit den Sätzen: „So zu handeln ist meine Schuldigkeit, weil ich aus Erfahrung und auf sicherem Wissen gegründeter Überlegung gewiss weiß, dass ich – allerdings nur mit ausreichenden Mitteln – Luftfahrzeuge zu bauen vermag, deren Leistungen sie zu außerordentlich nützlichen Diensten für Deutschland befähigen werden."

Ein neues Luftschiff

Diese beiden Aufrufe brachten die Summe von etwa 50.000 Mark ein. Und nun schien das Glück wieder von allen Seiten zu kommen. Der König von Württemberg genehmigte eine Lotterie, deren Vertrieb auch in verschiedenen anderen Bundesstaaten erlaubt wurde. Aus dem Dispositionsfonds des Reichskanzlers flossen ihm wiederum 50.000 Mark zu. Eine Reihe von Firmen stellte allerlei Material kostenlos zur Verfügung. Und schließlich steuerte Zeppelin selbst noch eine beträchtliche Summe bei, sodass mit dem Bau eines neuen Schiffes begonnen werden konnte.

Im Spätherbst 1905 war das Luftschiff fertig und im Januar 1906 war es bereits – gestrandet und durch einen Orkan zerstört.

Das Zeppelinluftschiff – eine „Erinnerung"

Wiederum ist alles verloren. Die Mittel sind erschöpft, die Gegner haben recht behalten.

Der damalige Hauptmann Groß erklärte am 31. März 1906, die Frage, ob starr oder nichtstarr, sei verhältnismäßig schnell geklärt. Man sei vorläufig noch nicht in der Lage, derartig starr gebaute Riesenluftschiffe lenk- und steuerbar zu machen. Vielleicht werde man später wieder auf solche Schiffe zurückkommen und sich dann dabei des Zeppelinschen Luftschiffes als eines kühnen Vorläufers auf diesem Gebiet erinnern.

Ja, den Fachleuten schien damals das Zeppelinluftschiff bereits eine – Erinnerung zu sein. Aber noch schneller als das zweite Mal erholte sich der unbezwingbare Graf nunmehr von dem schweren Schicksalsschlag.

Sieg!

Es ist merkwürdig, welch goldenen Leichtsinn das gute Gewissen verleiht. Um jene Zeit versprach der preußische Kriegsminister, ein Gesuch um Gewährung der Lotterie in Preußen an die zuständige Stelle zu richten.

Das genügte, um den optimistischen Grafen das Zeichen zum Bau eines neuen Luftschiffes geben zu lassen. Aber während man schon mit dem Bau beschäftigt ist, kommt wieder eine Absage aus Berlin: keine Lotterie, auch keine anderweitige Unterstützung!

Die Lage ist schwierig. Der Graf kann aus Eigenem nichts mehr beisteuern, schon hat er den gewohnten Komfort, Equipagen und Diener aufgeben müssen. Von weiteren Hilferufen ist nichts mehr zu erwarten als höhnische oder unwillige Abweisung.

Dieses Mal muss er alles aus eigener Kraft leisten, denn die Lotterie, die ihm zum zweiten Mal der König von Württemberg genehmigt, hat noch nichts abgeworfen.

Und dieses Mal siegt er. Während er 1900 nur 8 Meter in der Sekunde zurücklegte, bringt er es jetzt auf 14 Meter, und es gelingt ihm, es durch zwei zweistündige, beide Male etwa 100 Kilometer lange Aufstiege zu beweisen.

Jetzt schweigen die Gegner, die Lotterie in Preußen wird genehmigt und ein Zuschuss vom Reiche – wenn auch unter gewissen, damals noch nicht leichten Bedingungen – steht in sicherer Aussicht.

Schon bei der Kißlegger Katastrophe 1906 hat der Graf aus zahlreichen Kundgebungen erfahren dürfen, dass wenigstens Menschen mit ihm fühlen. Jetzt fühlen sie nicht mehr bloß, sondern helfen auch.

Ein großherziges Dankeswort

Vor 12 Jahren bei einem Vortrag in Stuttgart habe ich als Bittender vor dem Württembergischen Bezirksverein gestanden – bittend um das Geleite der deutschen Ingenieure auf dem noch so dunklen Pfade, den ich einzuschlagen gedachte. Heute darf ich Dank darbringen für die meinen Lauf fördernden Aufmunterungen und kräftigen Unterstützungen durch ernsthafte Mitarbeit und nicht minder für die mir gewordenen Warnungen, die mich manche Abirrung vermeiden ließen, aber dem Trachten nach dem Ziele kein Ende bereiten konnten, weil ich immer wieder Waffen in den Rüstkammern Ihrer eigenen Wissenschaft fand, um mir entgegengehaltene Zweifel zu überwinden.

Rede des Grafen, Dresden, 29. Juni 1908, Hauptvers. d. V. D. Ing.

Der Graf denkt an seine Leidensgenossen

Mir ist die seltene Gunst geworden, den Erfolg eines lange Zeit und große Mittel erfordernden Unternehmens selbst erleben zu dürfen … Hätte ich diese unabhängig denkenden Männer nicht gefunden, so würde die wiederholt eingetretene Ebbe meiner eigenen Mittel den Untergang meines Unternehmens bedeutet haben. Denn dem selbst nicht sachverständigen Besitzer irdischer Güter ist es nicht zu verdenken, wenn er gegenüber den schönen Versprechungen und Beteuerungen eines Erfinders die Hand auf die Tasche hält. Betrübend ist der Gedanke an die große Zahl von knospenden guten Entwürfen, die wegen Mangels an Mitteln nicht zur Ausführung gelangen, und die größte Teilnahme wachrufend ist der Gedanke an die Scharen vermeintlicher Erfinder, die wirtschaftlich und geistig untersinken – wie oft dem Wahnsinn verfallen –, nur weil sie unter den Erleuchteten keine barmherzige Seele fanden, um ihnen die Augen zu öffnen, so lange sie für die Klarheit noch empfänglich waren. Sie wären der Gesellschaft zu fruchtbarer Arbeit erhalten worden.

Darf ich, der so ausnahmsweise Begnadete, dem aus harter Erfahrung entsprungenen Wunsche Ausdruck verleihen, es möchten geeignete Einrichtungen geschaffen werden, die wertvolle Erfindungen und das Schicksal der Erfinder in Zukunft mehr als bislang dem Zufall entziehen?

Zeppelin machte nun selbst praktische Vorschläge und schloss mit den Worten: Sollte meine Anregung, eine Prüfungsanstalt für Erfindungen ins Leben zu rufen, Anklang finden, so wird es mir eine Freude sein, durch eine Stiftung zur Beschaffung des erforderlichen Grundkapitals beizutragen.

Rede Zeppelins, Dresden 1908

Was dem deutschen Geist entspricht

Wie oft war mein Plan dem Untergange nahe, nur weil der mangelnden Sorgfalt in seiner Beurteilung halber der verlangte goldene Hintergrund nicht erschaut wurde! Und wer will heute noch zweifeln, dass mit seiner Durchführung auch ein hoher wirtschaftlicher Wert geschaffen ist? Darum fort mit der allzu einseitigen, nüchternen, kaufmännischen Rechnung; dem idealen Wagen werde z u m W o h l e d e s V a t e r l a n d e s auch sein Recht! Solche Doppelspannung entspricht dem deutschen Geiste und also dem wahren Geiste der deutschen Ingenieure.

Rede Zeppelins, Dresden 1908

Wieder ein Rückschlag

Selbst nach der Schweizerfahrt am 1. Juli 1908, bei der Zeppelin in 12 Stunden 375 Kilometer zurücklegte, ist er noch nicht aller Sorgen enthoben. Aber die Ausschläge des Schicksalspendels sind nicht mehr so stark.

Immerhin bringen schon die nächsten Versuche einen empfindlichen Rückschlag: zuerst bricht ein Ventilatorflügel und dann wird bei einer ungeschickten Ausfahrt die äußere Hülle zerstört.

Schon wird die Öffentlichkeit ungeduldig, der Kriegsminister von Einem zeigt eine „nervöse Erregung", weil in Straßburg die Böller zu früh geladen wurden …

Aber der Kaiser telegrafiert dem Grafen, dass er ihm „nach wie vor die Stange halte" und die „Erregung" wird auch bald gütlich beigelegt.

Immer noch Geldnöte!

Dass auch jetzt noch die Geldnöte nicht ganz behoben waren, trotz der großen Zuwendungen des Reiches, beweist eine Darlegung des Regierungsrates Martin in der Berliner Morgenpost gegenüber allen Dementis (17. Juli 1908):

„Der Geldmangel des Grafen Zeppelin vom Jahre 1898 bis zum heutigen Tage ist notorisch. Wer will bestreiten, dass die 24-stündige Dauerfahrt die Vorbedingung für die Auszahlung der vom Reichstag bewilligten 2 150 000 Mark ist? Graf Zeppelin hat durch die zwölfstündige Dauerfahrt über den Vierwaldstättersee am 1. Juli d.J. die vollkommene Lenkbarkeit und Brauchbarkeit seines Aluminiumluftschiffs No. 4 bewiesen. Den gleichen Beweis hat er für das Aluminiumluftschiff No. 3 bereits durch die siebenstündige Dauerfahrt über eine Strecke von 250 Kilometer am 30. September 1907 erbracht. ... Durch das Festhalten der Reichsregierung an der Bedingung der 24-stündigen Dauerfahrt ist eine überaus bedauernswerte Verzögerung in der Entwicklung des Aluminium-Systems eingetreten. ... Graf Zeppelin kann bisher bedauerlicherweise mit den Mitteln des Reiches nur noch zweimal sein Luftschiff mit Gas füllen, da er schon zweimal ohne Erfolg die Füllung bewerkstelligt hat."

Heldenblut

Er blieb bei festem, ruhigem Mut
Bei allem Grübeln und Hadern:
Das macht das mecklenburgische Blut,
Das fließt in seinen Adern!

So schrieb einmal einer vom Grafen Zeppelin. Die Schwaben werden nicht geneigt sein, diese Erklärung für richtig zu halten – die Schwaben haben auch ihre harten Schädel! Mecklenburger oder Schwabe – Zeppelin ist ein D e u t s c h e r !

IM KAMPF GEGEN DEN LUFTGEIST

Aufstiegsversuche

Noch heroischer vielleicht als Zeppelins Kampf gegen Unverstand und Geldnot war sein Ringen mit dem Luftgeiste. Wie oft ist durch eine kleine technische Unvollkommenheit, die der unsichtbare Gegner sich zunutze machte, alle Arbeit und alle Hoffnung wieder zerstört worden! Hier ist eine Zusammenstellung des Schicksals seiner ersten Aufstiegsversuche:

1899, Herbst	Der eiserne Bügel bricht, mit dem die schwimmende Halle an ihrem Ankerklotz befestigt ist. Das Luftschiff treibt an Land und wird beschädigt.
1900, 2. Juli	Das Laufgewicht gerät in Unordnung. In der Dunkelheit fährt man an einen Pfahl, der die äußere Hülle durchreißt und einen Gitterträger verbiegt.
1900, 25. Sept.	Die Aufhängevorrichtung reißt (vielleicht ist das Unheil auch durch böswillige Hand angerichtet worden).
1900, 17. Okt.	Ein Ballonet entleert sich plötzlich, das Luftschiff stürzt herab und wird beschädigt.
1905, 30. Nov.	Das Luftschiff wird beim Ausfahren aus der Halle beschädigt.
1906, 17. Jan.	Das Abwiegen wird nicht richtig vorgenommen. Das Luftschiff geht daher zu hoch, wird aufs Land abgetrieben, landet bei Kißlegg, wird aber in der folgenden Nacht durch einen Orkan so beschädigt, dass Zeppelin selbst die Zertrümmerung anordnet.

Die ersten Aufstiege

1900, 2. Juli, abends 8:03 Uhr	Fahrtdauer: 17 Minuten
1900, 17. Okt., nachm. ¾5 Uhr	Fahrtdauer: eineinhalb Stunden
1900, 21. Okt.	(o h n e U n f a l l !). Fahrtdauer: einige Stunden
1906, 17. Jan.	(vergleiche oben „Aufstiegsversuche")
1906, 9. und 10. Okt.	Aufstiege o h n e U n f a l l
1906, 24., 25., 26., 28., 30. Sept.	außer am 25. September Aufstiege o h n e U n f a l l
1907, 8. Okt.	Aufstieg o h n e U n f a l l
1908, 20. und 23. Juni	„Werkstattfahrten" o h n e U n f a l l
1. Juli	Schweizerfahrt (o h n e U n f a l l)
1908, 14. Juli	Mainzer Dauerfahrt angetreten, aber wegen Motordefekts über Konstanz umgekehrt
15. Juli	bei Ausfahrt beschädigt
4. Aug.	Rheinfahrt angetreten, bei Oppenheim auf dem Rhein gelandet, weil der vordere Propeller defekt geworden, ferner 5. August bei Echterdingen gelandet, weil Weißmetall eines Lagers geschmolzen

Die ersten Landungen auf festem Boden

1906, 17. Jan.	bei Kißlegg
1908, 5. Aug.	bei Echterdingen (beide Male sanft gelandet, aber nachträglich durch Sturm zerstört)

Was man von den ersten Fahrten erfuhr

Eine Ballonfahrt mit Hindernissen

Friedrichshafen, 1. Juli 1900

Das war gestern eine E n t t ä u s c h u n g , wie sie in dem weiten Seebezirk vom Hegau bis zum St. Galler Land wohl noch nie oder doch nur selten erlebt worden sein mag. Aus allen um das schwäbische Meer gelagerten Landschaften war die Bevölkerung zu vielen Tausenden herbeigeströmt, eine aus Schiffen der sämtlichen Seeufer-Staaten gebildete Flottille hatte sich unter Führung des württembergischen Dampfers „König Karl" der Luftschifffahrtsgesellschaft in weitem Kreis um die Ballonhalle bei Manzell entfaltet, und Privatdampfer sowie Fahrzeuge aller Art vom primitiven Fischerboot bis zum modernsten und elegantesten Wassermotor – darunter eine Anzahl der originellen M o t o r e n mit L u f t s c h r a u b e – bedeckten, soweit das Auge zu reichen vermochte, den Wasserspiegel, der sich, klar und unbewegt, unter dem wolkenlosen, hellen Sonnenhimmel ausbreitete. Das Seeufer von Friedrichshafen bis nach Meersburg hin machte mit seiner Kopf an Kopf gedrängten Zuschauermenge den Eindruck, als habe das Bild des Frankfurter „Wäldchestags" sich zu einem kolossalen Rundgemälde ausgedehnt. Und doch sollte sich die Aufbietung dieses ganzen imposanten Apparates als v e r g e b l i c h erweisen.

Die Leiter des Unternehmens hatten alles bedacht, nur eines nicht, dass ein Luftschiff sich genauso wie eine Feuerspritze verhält und es nach dem bekannten tiefsinnigen Ausspruche des Millerche im „Bürgerkapitän" „p r o b i e r t sein will wie e Kumedie." An den Proben, an den nötigen Vorarbeiten, hatte es gefehlt, und es stellte sich erst im Laufe des späten Nachmittags heraus, dass das Z e p p e l i n s c h e L u f t s c h i f f nicht, wie man bisher angenommen, fünf Stunden,

70

sondern genau das Fünffache dieser Zeit, d.h. volle 25 Stunden zu seiner Füllung bedarf. Ein derartiger Rechnungsfehler kann vorkommen, allein er lässt doch die ganze Art und Weise, wie der erste offizielle Aufstieg des neuen Ballons inszeniert worden war, in etwas eigentümlichem Lichte erscheinen. Dass man sich in den Berechnungen geirrt haben könne, daran hatte man entfernt nicht gedacht, ja man war seiner Sache so sicher gewesen, dass man – man darf wohl sagen – das ganze Land in feierlicher Weise zu einem Schauspiele entbot, zu dem, wie sie im letzten Augenblicke herausstellte, nicht einmal die Ouvertüre gespielt werden konnte.

Frankfurter Zeitung

Zuschrift aus Friedrichshafen

vom 18. Oktober 1900

„Ich lese heute allenthalben die Telegramme über den erfolgreichen zweiten Aufstieg des Grafen Zeppelin. Vielleicht haben Sie, bevor diese Zeilen in Ihre Hände gelangen, bereits ausführlichere Meldungen bringen können, die den großen Erfolg etwas zweifelhaft erscheinen lassen. So war es auch das erste Mal; aus einem Siege wurde zum Mindesten eine unentschiedene Schlacht. … Es liegt eine gewisse Komik in der Art und Weise, wie Friedrichshafen, das so bescheidene, ruhige Städtchen, durch seinen Luftballon eine berühmte Stadt werden will, und es ist gut, wenn der Humor bei einer Sache sich zeigt. Schon vor langer Zeit begegnete man Anzeigen in Bäderzeitungen, in welchen als *great attraction* Friedrichshafens der Zeppelinsche Ballon gefeiert wurde. Es bildete sich hier ferner eine Motorbootgesellschaft, welche Fahrten zum Ballonhause machen lässt. Und schließlich ist ein ganz findiges Genie sogar auf den Gedanken gekommen, V i l l e n b a u p l ä t z e ‚mit Aussicht auf die Alpen und den Zeppelinschen Ballon' anzupreisen. Man beachte die großartige Zusammenstellung! Allzu großes Vertrauen in die baldige Verwirklichung der Zeppelinschen Träume scheint man demnach in Friedrichshafen selbst nicht zu setzen."

Frankfurter Zeitung

Graf Zeppelin machte heute einen d r i t t e n Aufstieg, der in jeder Beziehung besser verlief als die beiden vorhergehenden. Zum ersten Mal gelang es, in einem weiten Bogen von der Auffahrtsstelle aus über eine größere Fläche des Sees hinzufahren und zu dem Ausgangspunkte zurückzukehren. ... Aber wir sind geneigt zu glauben, dass die Modifizierung unserer Zahl eher nach unten als nach oben gehen wird. Jedenfalls ist an eine Geschwindigkeit des Luftschiffes von 8–9 m, wie sie einer in gar zu freudiger Begeisterung „geschätzt" hat, n i c h t e n t f e r n t zu denken. Mit dieser Zahl „3,5 m" hat man den praktischen Wert oder Unwert des Luftschiffes, wie es jetzt ist, ja in bestimmter Größe sozusagen ermittelt; denn die e i g e n e G e s c h w i n d i g k e i t des Ballons ist das ganze Problem. 3,5 m bedeuten nun noch leider nicht viel. Diese Geschwindigkeit schien nicht einmal hinreichend zu sein, um das Luftschiff bei geneigter Lage auf- oder abwärts zu treiben. Wenigstens war davon nichts zu merken. Sonach hat es bis jetzt noch nicht den Anschein, als ob die künftige Beförderung per Luftschiff gerade den Reiz der S c h n e l l i g k e i t haben dürfte. Wenigstens würde das Zeppelinsche Schiff beispielsweise nach seinen heutigen Leistungen zirka 40 Stunden brauchen, um diese Zeilen nach Frankfurt zu bringen, wenn – k e i n Wind weht. Aber die bösen Winde ruhen ja leider so selten!

Frankfurter Zeitung

Das Ende des Zeppelinschen Luftschiffes

20. Januar 1906

... Die Landung war, wenn auch schwierig, so doch ganz glücklich gewesen. Nur das Hinterteil war in einem Baume hängen geblieben und stärker beschädigt worden. Aber am Abend hatte sich ein Wind erhoben und das Luftschiff ein paar Mal heftig auf den Boden gestoßen. Da waren die Rippen gebrochen und es war jetzt unmöglich, das etwa 9000 kg wiegende Schiff vom Fleck zu bringen. So beschloss man, es auseinanderzuschlagen. Es ging schnell: genau 24 Stunden nachdem das Luftschiff sich stolz und prächtig über den See erhoben hatte, fiel das letzte Rippenpaar unter Hammerschlägen in sich zusammen, und nur Ballen von zerfetztem Ballontuch und Haufen von Aluminium-Altmaterial lagen mehr auf dem Felde, ein wehmütiger Anblick für jeden, der jahrelang fleißige, hoffnungsfreudige Menschen an dem Baue hatte arbeiten sehen. Und inmitten des Werkes der Zerstörung stand der alte Graf Zeppelin selbst, aufrecht und ruhig, und erteilte hin und wieder Anordnungen. Wer kann nachfühlen, was den Erfinder in einer schlaflosen Nacht der Entschluss gekostet haben mag, den Befehl zum Zertrümmern des Werkes zu geben, über das er ein Menschenalter nachgegrübelt, an dem er volle sieben Jahre gebaut hat. Wer ahnt, was jetzt in ihm vorgeht, wo er es rings um sich in Trümmer sinken sieht! Aber obgleich jeder Axtschlag ihn ins innerste Mark treffen, jedes Knirschen der Sägen ihm das Herz zerreißen muss, steht er in vollkommener Beherrschung gelassen und tapfer da unter den Augen der fremden Menge. Wie groß und stark ist doch das menschliche Herz, das allen Mächten auf Erden Trotz bietet, und wie schwach ist daneben das Menschenwerk, das ein Windhauch vernichten konnte!

Dr. H. Eckener in der Frankfurter Zeitung

„Furchtlos und treu"

Die größte Förderung wurde dem Grafen zuteil, als der König und die Königin von Württemberg im Jahr 1908 ihr Leben dem Luftschiffe zu einer Rundfahrt über das schwäbische Meer anvertrauten.

Hurra dem mutigen Königspaar!

Man braucht nicht aus Byzanz zu sein
Und kann doch einmal Hurra schrei'n.
Ich weiß, das Königspaar von Schwaben
Will keinen lauten Beifall haben.
Und doch! – Dort liegt der Zeppelin,
Soeben probt der Meister ihn;
Zum Grafen lenktet Ihr den Schritt:
Charlotte, komm, wir fahren mit!

Hoch in den Lüften mit dem Grafen
Flogt Ihr nach Eurem Friedrichshafen.
Herrgott, die haben Schneid im Leib,
Der König und des Königs Weib!
Das freute mich so recht im Stillen,
Schon um des wackeren Grafen willen.
– Ich bin nicht aus Byzanz – nein! nein!
Und dennoch muss ich Hurra schrei'n!

Jugend

Dr.-Ing. und Grashof-Medaille

An Ehrungen fehlte es natürlich auch nicht. In Dresden wurde dem Grafen nach seinen Aufstiegen im Oktober 1906 der Titel eines Dr.-Ing. verliehen. Im Juni 1908 wurde ihm, wieder in Dresden, die höchste Auszeichnung überreicht, die der Verein Deutscher Ingenieure zu vergeben hat, die Grashof-Medaille.

Heldenglaube – Heldenherz

Du hast gekämpft, geopfert und verbessert,
Dein g a n z e s   S e i n ins große Werk gefügt,
Und ob man dir die Suppe oft verwässert,
Der G l a u b e an dein Werk, er hat gesiegt.

Er hat gesiegt, weil bei der Arbeit Schwere
Der K o p f nicht nur, nein, auch das Herz dabei,
Das Herz, das für der Heimat Ruhm und Ehre
Von Jugend auf geschlagen kühn und frei. –

Johann Brassel, St. Gallen

DER LUFTGROSSADMIRAL

DIE SCHWEIZERFAHRT

Ein Menschheitssehnen aus Sagenzeit
Hat Erfüllung gefunden!

Marx Möller

Deutschlands glückhaft Schiff auf der Schweizerfahrt

Segelhell und stolz geründet
Schwebt dein Schiff zur Siegesfahrt,
Und sein Riesenmaß verkündet
Eine Schönheit neuer Art.
Lustig sausen die Propeller,
Schnell und schneller, immer schneller,
Windschnell über Berg und Tal –
Und der Alte steht am Steuer
Auge noch voll Jugendfeuer –
Unser Luft-Großadmiral.

Ernst von Wolzogen

Ein englischer Zeichner als Prophet

Etwa im Juni 1908 brachte die englische Zeitschrift „The Graphic"
ein Vollbild, auf dem die Gondeln eines Zeppelinschen Luftschiffes
dargestellt waren. Das Bild trug die Überschrift: Ein Fantasiebild aus
künftiger Zeit. Die Gondeln waren mit einer fröhlichen Reisegesell-
schaft besetzt, die staunend auf die Schweizer Bergriesen herausblickt,
in deren Nähe das Luftschiff in ruhiger Fahrt vorübergleitet.

Die „künftige Zeit" war näher, als sich der englische Zeichner wohl
gedacht haben mag: am 1. Juli 1908 trat Graf Zeppelin die Fahrt an,

76

die als eine ungeahnte Leistung alle Skeptiker verstummen ließ und die für ihn diesen Tag wohl zu dem denkwürdigsten seines reichbewegten Lebens erhob.

Die Schweizerfahrt

Friedrichshafen – Konstanz – Stein a. Rh. – Schaffhausen – Baden – Rothenbach – Zürich – Winterthur – Frauenfeld – Rorschach – Friedrichshafen

Zweck der Fahrt

In der Navigation des Luftschiffes in engen Gebirgstälern, hierin Erfahrung zu sammeln, war gerade eine der Hauptaufgaben unserer Reise. Wohl hätten wir leicht höher gehen können als die meisten der uns umgebenden Berge. Der mitgeführte Ballast hätte bequem ein Aufsteigen bis zu 1200 Meter Höhe und mehr gestattet. Aber gerade zu untersuchen, wie sich das Luftschiff in den engen Strombetten der Gebirgstäler, wo sich die Luftstromfäden zusammendrängen und Wirbel und Geschwindigkeiten des Windes sich bilden müssen, verhalten wird, sollte der Hauptzweck unserer weiteren Fahrt sein.

Geheimrat Hergesell

Der schwierigste Teil

… Bald sind wir über dem Zuger See[6]. Wir wenden uns südwärts zur Enge von Rothenbach, wo der breite See sich auf weniger als einen Kilometer verengt. Hier können wir schon beobachten, wie wechselnd die Windstärken im Gebirge sind. In dem engen Felsenpass drängen sich die Stromfäden des Windes derart zusammen, dass wir kaum mit einem Meter Geschwindigkeit vorwärts kommen. Wir müssen also mindes-

---

6 Anm. des Verlags: Heutige Schreibweise: Zugersee.

tens gegen 14 Meter Wind in der Sekunde ankämpfen. Doch das Felsen-tor besitzt nur geringe Länge, bald sind wir im breiten südlichen Teil des Sees, in flotter Fahrt geht es auf Zug zu. Wir wollen zum Züricher See[7] hinüber. Das ist nur möglich, wenn wir den hohen Felsrüden von Hor-gen, durch den die Gotthardbahn im langen Tunnel nach Zürich bricht, überfliegen können. Wir müssen zu diesem Zweck auf etwa 830 Meter ansteigen und noch dazu gegen einen ziemlich lebhaften Nordostwind, der, wie uns später übermittelte Messungen der Züricher Zentralstation zeigten, auf dem See mit etwa sechs Meter strömte, über den Pass aber, wie uns die eigene Erfahrung lehren sollte, viel stärker dahinbrauste.

Im Vertrauen auf unser wackeres Schiff wurden die Höhensteuer emporgerichtet, und sofort flogen wir in schräger Fahrtrichtung nach oben, über Baar der Passhöhe zu. Der Pass von Horgen wird für die Luft-schifffahrt durch einen hohen, tafelförmigen Berg erschwert, an dessen linker Seite ein enges Tal herabsteigt, durch das wir hindurchmussten. Hier zeigte sich die Navigation besonders interessant. In dem engen Tal drängten sich die Luftmassen zu einem neuen, stärkeren Strom zusam-men, der noch dazu abwärts floss und das Aufsteigen des Luftschiffes zu hemmen suchte. Hier zeigten die Höhen- und Seitensteuer ganz ihre hervorragenden Eigenschaften. Trotz des absteigenden Luftstroms drückten wir das in allen Fugen zitternde Luftschiff in die Höhe, uns all-mählich, aber sicher der Passhöhe nähernd. Das Vorwärtskommen war an einzelnen Punkten, wo die Talbildung sich stark verengte, besonders schwierig. Mitunter wurden wir tatsächlich zurückgetrieben, ein Beweis, dass wir zeitweise gegen einen Wind von mehr als 15 Metersekunden anfuhren. Dann mussten wir andere Teile des Passübergangs durch unsere Seitensteuerung suchen, wo wir einen gewissen Windschatten vermuten konnten. Bei diesen Drehungen und Abtriften war das Tal mitunter so eng, dass wir fürchteten, das Heck unseres Schiffes berühre bei der Drehung die Talwand beziehungsweise die Berglehne. Aber alles gelang vortrefflich dank der wunderbaren Organe unseres Schiffes.

Um 1 Uhr 50 Minuten befanden wir uns über der Passhöhe in 840 Meter Seehöhe. Mit einem Schlage tat sich ein anderes herrliches Bild auf. Vor uns lag in seiner ganzen Längenausdehnung der Züricher See …

---

7   Anm. des Verlags: Heutige Schreibweise: Zürichsee.

Ebenso mühsam wie der Aufstieg war der Abstieg. Noch immer strömte die Luft mit 13 bis 14 Meter gegen uns, und zwar von jetzt ab als aufsteigender Strom. Die niedergedrückten Höhensteuer zwangen unser treffliches Schiff jedoch allmählich wieder herab, und um 2¼ Uhr schwebten wir in ruhiger Fahrt, nur etwas über 400 Meter hoch, die Seeachse entlang, Zürich entgegen. Eine volle Stunde hatten wir zur Überwindung des Passes gebraucht, und doch ist Horgen von Zug nur durch eine Entfernung von 15 Kilometer getrennt.

Geheimrat Hergesell

Die Heimkehr

Eine Feuerkugel hing der Sonnenball über der rot schimmernden Wasserschale, während wir direkt in den roten Glanz hineinfuhren. Im stillen Abendfrieden lagen die Ufer des Sees, als hellleuchtende Sterne strahlten die Lichter der Uferstädte, über uns summten die Propeller ihr eintöniges Lied, und ruhig und stetig schoss unser schnelles Schiff der bergenden Halle zu. Um 8 Uhr 26 Minuten berührten die Gondeln die Wasserfläche, nachdem wir genau zur gleichen Zeit am Morgen die Fluten des Sees verlassen hatten. In zwölfstündiger Fahrt hatten wir Städte und Berge in mannigfacher Gestaltung und Lage überflogen, Grenzen verschiedener Staaten gekreuzt, immer Herren unseres Schiffes, immer Meister im flutenden Luftmeer, wahre Eroberer des Luftozeans.

Neben mir aber stand der Mann, der dies alles, man kann wohl sagen, gegen den Widerstand einer ganzen Welt geschaffen, in ruhiger, aber stolzer Bescheidenheit da. Ein mildes Lächeln verklärte seine ruhigen Züge, als er auf seine Arbeitsstätte, den Bodensee, herabblickte. Die Abendsonne beschien das edle Antlitz und küsste es mit dem Hauche der Unsterblichkeit.

Geheimrat Hergesell

Der Eindruck des Luftschiffes

Ein leises, melodisches Surren steigt zum Fenster herein. Es ist gegen 9 Uhr morgens. Der See blaut herauf. Die Sonne funkelt in den grünen

Obstbäumen. Das Surren rührt doch wohl von keiner Hummel her. Es ist stärker geworden, konzentrierter, straffer angezogen und metallisch. Da kommt hinter dem vorgeschobenen, dunkelgrünen Hügel des nahen Arenenberges ein langes, gelbleuchtendes Tier am blauen Himmel daher gezogen. Es kam in geradem, niedrigem Flug heran, und die Überraschung des großen neuen Bildes stürzte über einen mit Schauern …

Ein Augenzeuge in Salenstein am Bodensee

Zeppelin gesehen?

Jäh war das Wunderschiff gekommen und jäh verschwunden, aber ein geflügeltes Wort hat die Flugmaschine am Vierwaldstättersee hinterlassen: „Zeppelin gesehen?" Auf der Pilatus Spitze, auf Rigi Kulm und in Tells hohler Gasse empfangen einen Wirt und Kellner mit begeistertem: „Zeppelin gesehen?" In Flüelen nimmt der Schiffskontrolleur die Fahrscheine mit den neugierigen Worten: „Zeppelin gesehen?" ab und in Altorf knipst der Schaffner der elektrischen Bahn das Billet mit einem freudigen „Zeppelin gesehen?" Kein Wunder, dass mancher auch auf dem Telldenkmal nun die etwas geänderte Inschrift liest:

> *Erzählen wird man von dem Zeppelin,*
> *Solang die Berge stehn auf ihrem Grund.*

Ein Luzerner Kurgast

Ein froher Bote schönerer Zeiten …

Gleich nach der Schweizerfahrt wurden in Schaffhausen Stimmen gegen Zeppelins Fahrten über Schweizer Gebiet laut und verlangten im Interesse der militärischen Sicherheit der neutralen Schweiz ein behördliches Verbot. Aber das Schaffhauser „Tageblatt" antwortete energisch auf diese Befürchtungen und begrüßte den Grafen mit den Worten: „Wir wollen der frohen Hoffnung sein, dass das Luftschiff kein unheilvolles Ungeheuer, vielmehr ein froher Bote schönerer Zeiten der Völkerverbrüderung gewesen ist, für Zeiten, da die Schwerter zu Pflugscharen werden, für eine schöne Zukunft, wo es sich dann nicht mehr darum handelt, dem Nachbar zu trutzen, vielmehr jedem Schwachen zu nutzen."

Die Bedeutung des 1. Juli 1908

Der erste Juli des Jahres 1908 war ein Abschluss, er ist eine Apothese, und er ist der Tag, an dem eine neue Zeit beginnt, der Tag, an dem der Begriff „Eroberung der Luft" zur Wirklichkeit geworden ist. Die große Vierundzwanzigstundenfahrt kann nichts mehr bringen, als was bestätigt … Zeppelin hatte allen Schikanen des Luftmeeres – und ihrer sind nicht wenige – die Stirn bieten wollen. Deshalb eine Fahrt durch Engpässe, über Gebirgssättel, mit vollem Dampf an Quertälern vorbei usw. Herr ist der Graf Zeppelin gewesen. Und er hat die Menschheit souverän gemacht über das Luftmeer.

Emil Sandt

Das Echo in England

Nach der Schweizerfahrt wurde der Schüttelreim angefertigt:

> *Das Flugschiff unsres schlauen Grafen*
> *Lässt England nicht vor Grauen schlafen!*

Einem ähnlichen Gedanken gab jener Berliner Weinhändler Ausdruck, der in seinem Schaufenster den Z 4 als ersten deutschen Luftkreuzer zeigte und darunter schrieb: Verfluchte Kerls, diese Germans! Wenn man sie unten einkreist, so fliegen sie oben heraus!

Vom englischen Standpunkt aus kann man die Eroberung der Luft nicht als wünschenswert betrachten. England wird aufhören, eine Insel zu sein. Was nützt ihm die Meerbeherrschung, wenn der Feind durch ein anderes Element kommen kann? Das englische Kriegsministerium und die Admiralität müssen Versuche im großen Stile betreiben und das Parlament muss die nötigen Geldmittel gewähren.

Daily Mail

Der Zeppelin kommt

... O mit dem Silberschimmer
aller Luftschlösser komm, schon kündet der neue, nie gehörte
Orgelton der Propeller dein Nahen. Kommst du,
o apokalyptisches Riesenschiff, mit den Wundern
von Sternenküsten am Bord? Bringst du, o Riesenvogel,
den Hauch des unendlichen Luftreichs auf deinen Flügeln,
dass nie der Qualm der Enge Lunge und Herz
uns mehr verdumpft? Kommst, machtgerüstet, du,
noch mörderischer den Krieg als Todessturz
hinaufzutragen? Kommst du zum Völkerfrieden, im Grenzenlosen
verwischend die Länder- und Blutsgrenzen,
dass aller Rassen zukunftgewordener Vollmensch niedersteige
zum einigen Erden-Vaterland? O senke dich,
du spielender Flieger, du beklemmend fremder und
beseligend längst vertrauter, herab auf uns, die
entblößten Häupter der Tausende, uns stockt das Herz
dem Unerhörten entgegen alles Kommenden, brandend
umschwillt dich ein Jubelmeer des Willkomms,
und in den Dankesträtnen unserer Augen lacht
die Morgensonne jeder Zukunft auf.

Aus der „Hymne an den Grafen Zeppelin" von Hans Brandenburg
(Gedichtbuch: „Gesang über den Saaten", Verlag Georg Müller, München)

DER MANN AM STEUER

Der Graf nach der Fahrt

Ich habe noch keinen gesehen, der bei einer besonderen Leistung so vollständig auch Herr über sich bleibt. Das eine Selbstverständliche, dass ein Mensch, der einen großen Erfolg und auch ein großes Glück mit sich herumträgt, den Widerschein dieses Glückes auch nach außen leuchten lässt, das ist auch bei ihm. Aber was immer wieder in den Bann dieses Mannes schlägt, das ist die Gewalt, die ihm überragende innere Größe und Abgeklärtheit über sich selbst und über seine Erfolge gibt. Man kann nicht einfacher sein als er, nicht natürlicher. Man kann nicht entfernter sein von jeder Pose als er, und man kann nicht vornehmer sein in jeder Form und gerechter in der Abwägung als er, wenn er sich beeilt, aller derer zu gedenken, deren Mühen auch dazu beigetragen haben, dass wir heute sagen können: dieser Graf Zeppelin, dieser Urdeutsche, hat der Menschheit und ihrer Kultur, ihrem Aufwärtsdringen und ihrem Aufwärtsstreben zum größten Fortschritt, zur Eroberung der Luft verholfen.

Emil Sandt

Jeder soll seine Pflicht tun!

Nicht so sehr darauf kommt es an, dass der Einzelne sich hervorhebt, als darauf, dass wir alle uns auf ein höheres Niveau heben. Das ist das Ziel, das wir erstreben, und darum wuchere jeder mit seinem Pfunde! Nicht nur zu seinem eigenen Wohle, sondern zum Wohle des ganzen Vaterlandes, der ganzen Menschheit. In dieser Art zu arbeiten, dazu wünsche ich Ihnen Kraft, Lust und Freude.

Graf Zeppelin an die Konstanzer Realschüler 1908

Ehrungen

Zu seinem 70. Geburtstag fanden sich Vertreter des Königs von Württemberg und der Ständekammer zur Gratulation ein. Die Städte Konstanz und Stuttgart ernannten, wie im Jahr zuvor schon die Stadt Friedrichshafen und nachher so viele andere, den Grafen zum Ehrenbürger, die Universität Tübingen zum Ehrendoktor. Und aus aller Welt liefen Glückwünsche ein. Die Zahl der Telegramme betrug allein an die 800.

Diplom der Tübinger Universität

Den Mann, der mit Kraft des Geistes und wahrer Wissenschaft erfüllt, unbekümmert um Ruhm und Ehre bei den Leuten, seine mühevollen Studien und Versuche mit ausdauernder tapferer Seele und nicht ohne große Beschwerden fortführte, bis er nach 35 arbeitsreichen Jahren seine Erfindung des leicht dem Steuer gehorchenden Luftschiffes und damit ein Werk vollbrachte, vollkommener, als bisher irgendwo bekannt war, sodass er den Menschen auch das Meer der Luft zur Fahrt und Beherrschung erschloss – diesen um das ganze Menschengeschlecht wie um das Vaterland hochverdienten Mann ernennt die Fakultät an seinem 70. Geburtstage ehrenhalber zum Doktor der Naturwissenschaften mit der besten Gratulation und herzlichen Wünschen für ein rüstiges Alter und spricht die Ernennung durch dieses Diplom aus.

Ein Missgeschick

Am 14. Juli stieg Z 4 mit der Reichskommission an Bord zur Mainzer Dauerfahrt auf. Er musste aber schon über Konstanz umkehren, weil ein Motor defekt geworden war. Am folgenden Tag wurde das Schiff beim Ausfahren beschädigt, sodass die entscheidende Vierundzwanzigstundenfahrt abermals verschoben werden musste. Die Frankfurter Zeitung vom 15. Juli meldet dazu: „Graf Zeppelin ist nicht im Mindesten entmutigt."

Zeppelins äußere Erscheinung

Zeppelin ist nicht nur ein unerschrockener Erfinder, der alles dahingab für sein Werk, er ist auch ein liebenswürdiger M e n s c h . Eine solche Vereinigung von Freundlichkeit und Kühnheit, Frohmut und Ernst, Güte und Festigkeit ist noch auf keinem Gesicht gesehen worden. Wenn er im Gasthause – wo er mit seiner Tochter in Friedrichshafen bescheiden wohnt – ein- und ausgeht, dann könnte er fast irgendein

Theaterintendant, ein Bankier oder etwas Ähnliches sein. Ein kleines, diskretes Bäuchlein wölbt sich unter der Weste und über dem weißen Hemdkragen im Nacken leuchtet eine rosige Halsschwarte. Wenn er aber in seinem Motorboot gegen die Halle zu einem Aufstieg fährt, dann ist er ein anderer. Dann wird aus seinem freundlich energischen Schwabenkopf ein E r o b e r e r s c h ä d e l . Dann ist er der Eroberer der Lüfte. Sentimentale Reporter haben von ihm als einem „verehrungswürdigen Greis" gesprochen, um Stimmung für ihn zu machen. Er ist aber gar kein Greis. Er ist ein Mann, 70 Jahre alt, aber hochgewachsen und kerzengerade, elastisch und frisch. Er badet täglich im See bei Sturm und Sonnenschein und schwimmt wie ein Junger. Seine Augen blitzen unter der vorstehenden Mathematikerstirn, und das leichte Hinken des linken Beines kommt nicht vom Zipperlein, sondern von einer schlecht behandelten Verwundung im Krieg. Er hat die großen flachen Ohren der energischen Naturen an dem kahlen Schädel und einen stolzen weißen Schnauzbart. Obwohl er nicht eigentlich ein schöner Mann ist, könnte ich mir doch denken, dass junge Mädchen sich in ihn verlieben. Als man ihn am Tage nach seiner großen Schweizerfahrt fragte, wie er mit dem Erfolg zufrieden sei, lautete seine Antwort: „Wissen Sie, ich bin einfach glücklich."

A. Fendrich in der Wiener Arbeiterzeitung

Ein Tag im Leben des Grafen

Die für seine Erfindung sehr wichtigen Tage des Aufstiegs, die entscheiden sollten über die Auszahlung der vom Reichstage für die Erwerbung des Luftschiffes usw. bewilligten Mittel, standen nah bevor, als ich nach Friedrichshafen kam und dort von ihm eingeladen wurde, in dem Hotel bei ihm zu wohnen, um dort in nächster Nähe mit den ihm nahestehenden und anderen um die Wissenschaft verdienten Männer die kommenden Tage zu verleben …

Eine Stube des Hotels diente ihm, der sein idyllisches Gyrsberg so nahe hatte, schon seit Monaten als Wohnung. Aber eine fast ebenso große Zeit verbrachte er, wenn er nicht in der Halle bei Manzell anwesend war, in seinem Büro, das, wie erwähnt, in einer Dependance des

Hotels eingerichtet war, und in dem man den ganzen Tag bis spät in die Nacht vollauf beschäftigt war. Lebhaft steht mir noch die Tätigkeit des Grafen an dem 19. Juni 1908 vor Augen, an dem die Versuche bekanntlich beginnen sollten. Um 4 Uhr früh war er bereits auf, um zu arbeiten oder zur Halle zu fahren, in der für den bevorstehenden Aufstieg – am 19. – die Füllung des Ballons erfolgen sollte, zu dem alle Vorbereitungen in einer geradezu vollendeten Weise getroffen waren. Aber der Arbeitstag war um 12 Uhr nachts für ihn nicht beendet. Denn Telegramme, Briefe, meteorologische Beobachtungen und andere Korrespondenzen nahmen die Zeit des Grafen noch in Anspruch, als schon alles der Ruhe pflegte. Kaum hatte er etwas zu sich genommen, Gelehrte, oder die Vertreter des Kriegsministeriums, des Reichsamts des Inneren, der Marine und viele andere empfangen, da fuhr er wieder hinaus nach Manzell.

Um ½5 Uhr nachmittags trafen die Gäste und die Vertreter der den Aufstieg in amtlicher Eigenschaft beiwohnenden Behörden vor Manzell ein.

Man sah den Grafen in der Halle beschäftigt, die letzten Anordnungen zu treffen. Das zur Abfahrt bereits völlig gefüllte Luftschiff zeigte sich den Augen der Zuschauer. Aber die Stunde der bestimmten Abfahrt verrann, ohne dass etwas angezeigt hätte, dass das Luftschiff sich erheben würde. Da erschien das Motorboot des Grafen vor dem von ihm den eingeladenen Zuschauern zur Verfügung gestellten Dampfern, und mit klarer ruhiger Stimme teilte er mit, dass eine kleine Havarie den Aufstieg zunächst auf eine Stunde zu verschieben nötigte. Diese Zeit war vorüber, ohne dass sich etwas in der Halle bewegt hatte. Plötzlich erschien von Neuem das Motorboot mit dem Grafen und in der gleichen, ruhigen, klaren Weise teilte er mit, dass die Havarie leider nicht so leicht beseitigt werden könnte … Welche Enttäuschung für den Grafen, in Gegenwart der von weit hergekommenen maßgebenden Persönlichkeiten auf den Aufstieg verzichten zu müssen und zwar bei dem günstigsten Wetter.

Bei den letzten Probeanläufen der Motoren vor Ausfahrt des Luftschiffes zeigte ein Auspuffstoffmantel, der von einer der renommiertesten Fabriken geliefert worden war, Undichtigkeit. Der Graf hatte persönlich die Auffahrt sicher nicht unterlassen, aber seinem

Grundsatz getreu, dass ein Luftschiff nur dann den Bedingungen für eine allseitige Brauchbarkeit entspreche, wenn es, soweit es menschlich möglich ist, absolute technische Sicherheit für die Mitfahrenden gestattet, fragte er seinen Ingenieur: übernehmen Sie die technische Verantwortung? Und auf die verneinende Antwort verzichtete er auf den Aufstieg, so schwer es ihm wurde. Aber kein Wort des Unmuts über die Unzuverlässigkeit der Fabrik, kein Zug in seinem Gesicht verriet, was in ihm vorging. Nachdem er, der Siebziger, wie alle Tage sein Schwimmbad im See genommen, versammelte er einen kleinen Kreis, wie gewöhnlich abends, um sich, um mit dem heitersten Gesicht von der Welt sich an der Unterhaltung zu beteiligen. Als wir uns um 10 Uhr mit Rücksicht auf die Strapazen des Tages empfahlen, ging er in sein Büro um zu arbeiten, und sicher wird es nach Mitternacht gewesen sein, ehe die Lampe in seinem Zimmer erlosch.

Generalmajor von Zepelin

Weihrauchwolken

Jenes Berliner Witzblatt, das um diese Zeit einen Zeppelin in den Wolken abbildete und darunter schrieb, der Steuermann habe sich in den Weihrauchwolken verirrt, kannte den sachlichen Arbeiter nicht, der der Graf ist.

Die lästigen Ovationen

Mitte Juli 1908 schrieb einer seiner Vertrauten:

Ich will damit sagen, dass die Ovationen, die ihm dargebracht worden sind und noch werden, seine Zeit und Kraft über Gebühr in Anspruch nehmen. Diese Ehrungen sind ja alle gut gemeint; aber manchmal wäre etwas weniger – mehr, denn die Kraft des Grafen muss man doch vor allem seinem großen Werke ungeteilt erhalten.

Konflikte im Spiegel der Witzblätter

Die offiziöse Presse bringt folgende amtliche Erklärung des Kriegsministeriums:

Der Ausstieg des Grafen Zeppelin erfolgte in Abwesenheit des Kriegsministers von Einem. Infolgedessen ist das Luftschiff als nicht geflogen zu betrachten.

Simplizissimus

Man schreibt uns vom Bodensee:

Im Anschluss an den Konflikt zwischen dem G r a f e n   Z e p p e - l i n und dem Kriegsminister v o n   E i n e m spricht man jetzt allenthalben von den beiden. Später wird man nur noch v o n   E i n e m sprechen, nämlich vom G r a f e n   Z e p p e l i n !

„Ulk"

Prinz Heinrich über seine Luftfahrt

Am 27. Oktober 1908 war Prinz Heinrich Fahrgast des Grafen. Über seine Befriedigung sagte er nach der Fahrt zu Zeppelin: Ich habe schon lange Ihr Luftschiff für vortrefflich gehalten. Aber jetzt bin ich mehr als ich sagen kann überwältigt und entzückt von dem, was es mir bot. Dieser Tag ist einer der schönsten meines Lebens, und ich werde jetzt sofort an meinen Bruder telegrafieren und ihm erzählen, was Sie uns gegeben haben. Es ist kein Luftschiff, sondern ein wirkliches Schiff!

Die Donaueschinger Huldigung

Dem Bruder des Kaisers folgte sein Erstgeborener, der deutsche Kronprinz.

Den 7. November 1908 machte Zeppelin dem Kaiser mit dem Luftschiff *Z I* über Donaueschingen seine Aufwartung, nachdem es dem

Hofzug entgegengefahren war und ihn begleitet hatte. An Bord von *Z I* befand sich auch der Kronprinz.

Der Kaiser bei Zeppelin

Am 10. November 1908 besuchte der Kaiser mit der Familie des Fürsten zu Fürstenberg die Friedrichshafener Werft und ließ sich das Luftschiff *Z I* vorführen. Er erklärte dabei, dass er nur deshalb nicht mitfahre, weil er es seiner Frau habe versprechen müssen.

„Der größte Deutsche des 20. Jahrhunderts"

Als das Luftschiff wieder in seine Halle verbracht war, meldete sich Zeppelin in strammer militärischer Haltung beim Kaiser. Dieser schüttelte ihm die Hand, winkte dem Fürsten zu Fürstenberg, und während sich alle Anwesenden im Kreise um ihn scharten, entnahm er dem mitgebrachten Etui den Schwarzen Adlerorden und überreichte ihn dem Grafen Zeppelin. Der Fürst zu Fürstenberg entfaltete gleichzeitig das gelbe Band und schlang es dem Grafen um die Brust. Dann hielt der deutsche Kaiser folgende Ansprache an den neuen Ritter vom Schwarzen Adler:

In meinem Namen und im Namen des gesamten deutschen Volkes freue ich mich, Eure Exzellenz zu diesem herrlichen Werke, das Sie mir heute so schön vorgeführt haben, aus tiefstem Herzen zu beglückwünschen. Unser Vaterland kann stolz sein, einen solchen Sohn zu besitzen, den größten Deutschen des 20. Jahrhunderts, der durch seine Erfindung uns an einen neuen Entwicklungspunkt des Menschengeschlechts geführt hat. Es dürfte nicht zu viel gesagt sein, dass wir heute einen der größten Momente in der Entwicklung der menschlichen Kultur erlebt haben. Ich danke Gott mit allen Deutschen, dass er unser Volk für würdig erachtete, Sie den unseren zu nennen. Möge es uns allen vergönnt sein, dereinst auch wie Sie stolz an unserem Lebensabend aussagen zu dürfen, dass es uns gelungen, so erfolgreich unserem teuren Vaterlande gedient zu haben. Als Zeichen meiner bewundernden Anerkennung, die gewiss alle hier versammelten Gäste und unser ganzes deutsches Volk teilen, verleihe ich Ihnen hiermit meinen hohen Orden vom Schwarzen Adler.

Mit einem dreifachen Hoch schloss der Kaiser seine Rede.

Gemessen und an sich haltend stand der Gefeierte in strammer Haltung vor dem Kaiser. Als ihn aber der Kaiser nach Ordensbrauch dreimal umarmte, rannen ihm vor Bewegung die Tränen über die Wangen.

Die Rheinfahrt

Zeppelin spricht:

> *Noch einmal, eh das große Werk gelungen,*
> *Von dem die Menschheit seit Äonen träumt,*
> *Noch einmal, eh' ich, Sturmgeist, dich bezwungen,*
> *Hast du dich wild und tückisch aufgebäumt!*
> *Doch aufgeschoben ist nicht aufgehoben,*
> *Der Geist der Menschheit zwingt dich unters Joch!*
> *Zu neuen Waffen half mir nur dein Toben:*
> *Ich krieg dich doch!*

Münchner „Jugend"

4. August 1908: Aufstieg zur Vierundzwanzigstundenfahrt

Die Rheinfahrt im Spiegel der Presse

F r i e d r i c h s h a f e n, 10 Uhr 40 vorm. ... Bei Tagesanbruch wurde es in der Ballonhalle bei Manzell lebendig. Auch die Beteiligung des Publikums war eine außerordentlich rege; schon von 4 Uhr morgens ab eilte man zum Strande bei Manzell, und auf dem See wimmelte es von Ruderbooten. Der Ballon flog ohne Hilfe eines Dampfbootes glatt und vollkommen ruhig aus der Halle und stieg um 6 Uhr 10 auf … Im Ballon befanden sich im Ganzen 12 Personen, darunter der Reichskommissar Baron Bassus … Der Ballon fuhr zunächst am Lande bis Immenstaad und kreuzte dann quer über dem See in der Richtung nach Konstanz …

K o n s t a n z , 9 Uhr 30 vorm. Als heute früh 7 Uhr der bekannte Ruf ertönte: Zeppelin kommt!, hatte man die beste Gelegenheit, seine faszinierende Wirkung zu beobachten. Im Augenblick füllten sich die ruhigen Straßen mit Menschen, die die Arbeit hurtig auf die Seite gelegt hatten … 7¼ Uhr war das Luftschiff über Mengen am Unter-see … In allen Orten herrschte große Begeisterung.

K o n s t a n z , 9 Uhr 40 vorm. Graf Zeppelin war um 7 Uhr 15 über Radolfzell, um 8 Uhr über Schaffhausen.

W a l d s h u t [8], 10 Uhr 40. Graf Zeppelin ist über Waldshut 8 Uhr 45 erschienen und ist in Richtung Basel weitergefahren.

B a s e l , 10 Uhr 25 vorm. Heute Morgen 9½ Uhr hat Graf Zeppelin Basel passiert … Ganz Basel war auf den Straßen … Eine nach vielen Tausenden zählende Volksmenge brachte Graf Zeppelin stürmische Ovationen dar, und die Regierung ließ zu Ehren Zeppelins Kanonen-schüsse abgeben.

S t r a ß b u r g , 12 Uhr 48 mitt. Bald nach 10 Uhr kam die Nach-richt aus Mülhausen, dass Graf Zeppelin diesen Ort überflogen habe. Gegen 11¼ Uhr wurde Zeppelin durch Fahnenschwenken vom Münster und durch Kanonenschüsse signalisiert. Gegen 12½ Uhr flog das Luftschiff an der Südwestseite des Münsters in ruhigem, majestä-tischem Fluge vorbei. Es wurde vom Münster aus durch Tücher- und Fahnenschwenken und Musik bewillkommnet …

M a x a u , 1 Uhr 40 nachm. Als die Kunde von Zeppelins Aufstieg in Karlsruhe eintraf, entstand auf der Chaussee Knielingen-Maxau eine wahre Völkerwanderung. Droschken, Reiter, Autos, Radler, Fußgänger eilten hinaus … Zeppelins Luftschiff kam hier um 1 Uhr 13 in Sicht … Es wurde mit Hurrarufen und Böllerschüssen begrüßt. Die Erste Kam-mer unterbrach ihre Sitzung, als vom Ministerium des Äußeren die Mitteilung gekommen war, dass Graf Zeppelin gegen 1 Uhr Maxau passieren werde.

---

8   Anm. des Verlags: Hiermit ist die heutige Doppelstadt Waldshut-Tiengen gemeint.

S p e y e r , 3 Uhr 30 nachm. Graf Zeppelin ist um 2 Uhr 10 in glänzender Fahrt in einer Höhe von 200 bis 250 Meter über unsere Stadt dahingefahren, bejubelt von Tausenden von Zuschauern, die sich an beiden Ufern des Rheins eingefunden hatten.

M a n n h e i m . Soeben 2 Uhr 40 passiert Graf Zeppelin den Marktplatz. Ganz Mannheim ist auf den Straßen und Dächern. –

Abends 6 Uhr Landung bei O p p e n h e i m auf dem Rheine, 19 Uhr 25 Fortsetzung der Fahrt über Mainz via Mannheim nach Stuttgart, wo bei E c h t e r d i n g e n morgens 7 Uhr zweite Landung.

S t u t t g a r t , 5. Aug. Das Luftschiff des Grafen Zeppelin ist 5 Minuten vor 3 Uhr durch Explosion des Ballons vollständig zerstört worden.

Zeppelin und seine Mitarbeiter

Als Zeppelin bei Nierstein auf dem Rhein gelandet war, überbrachte ein Niersteiner Weinhändler dem Grafen, der sich mit seinen Reisegefährten in der vorderen Gondel aufhielt, eine Flasche 1907er. Zeppelin leerte ein Glas, dann übergab er die Flasche seinen Monteuren und Mechanikern mit den Worten: Die Leute, die mit mir arbeiten, sollen auch mit mir trinken! –

Ein Denkmal am Ufer, das auf Kosten des Staats errichtet wurde, bezeichnet die Stelle der Landung.

Ein Pfälzer Geschichtchen

Eine Bauersfrau in der Pfalz war mit ihren Kindern beim Weizenschneiden auf dem Feld. Mit einem Male ruft eins der Kleinen: Mutter, esse die Engel im Himmel aach Schweinerippche? Ewwe is das Knöchelche da vom Himmel runtergfalle! – Und es trägt auch schon den Knochen herbei. Die Frau erhebt voller Staunen den Blick zum Himmel. Und was erblickt sie? Das Ungetüm, welches bei Mannheim von einem Bauern für einen Eisenbahnzug gehalten wurde, der durch irgendeine Katastrophe, vielleicht gar durch Dynamit, in die Luft geschleudert worden sein muss.

Zeitungsblüten

Bei Anlass der großen Fahrt schrieb ein Blatt, dass bei der Zwischenlandung in Oppenheim „der Gasverlust sofort t e l e g r a f i s c h aus Griesheim e r s e t z t wurde." Eine andere Zeitung belehrte ihre Leser, dass die Motoren bei vollem Betrieb stündlich ungefähr sechzig K i l o m e t e r Benzin verbrauchen. Am vorderen Motor sei die K i e l wasserschraube gebrochen, behauptete der Druckfehlerteufel, der vielleicht an jenem heißen Tag nichts mit Kühlwasser anzufangen wusste. Ein ganz großes Blatt sprach gar vom Zeppelinschen Luft- s c h l o s s , und etwas ähnliches muss auch jenem biederen Thurgauer Blättchen vorgeschwebt haben, als es schrieb: „Möge der E r b a u e r d e r L ü f t e sich noch lange seiner Erfolge freuen!"

Die Echterdinger Katastrophe

Wer den heutigen Dienstag in Stuttgart als Verehrer Zeppelins miterlebt hat, ist um einen der schönsten, wunderbarsten Eindrücke und um einen der wirklich schmerzlichen, erschütternden im Leben reicher. Es war ein unvergesslicher Moment, wie nach banger Nachtwache und nach Durchkosten der verschiedenen erfreulichen und deprimierenden Empfindungen unserseits das heißersehnte Luftschiff ganz plötzlich hinter einem der westlichen Bergrücken erschien und im Morgensonnenschein silbern schimmernd und leuchtend, langsam, aber mit unerschütterlicher Sicherheit direkt gegen den nicht schwachen Wind hoch über der in herrlicher Sommerpracht sich ausbreitenden weiten Stuttgarter Talmuschel dahinzog. Hier empfand man die unbeschreibliche Größe der Tat Zeppelins; die Sehnsucht von Jahrtausenden, sie war erfüllt, und wie im Traume sah man dem wunderbaren „Fisch" da oben in der Höhe nach und staunte ihn an wie ein Bild aus Märchenlanden. Aber schon am Vormittag kam bereits die Nachricht, dass Zeppelin nach dem Oppenheimer einen zweiten Aufenthalt hatte. Er landete dicht bei Echterdingen, südlich von Stuttgart auf dem weiten Filderplateau, einem Dorf, das bisher nur durch sein vorzügliches Sauerkraut bekannt war, jetzt aber eine traurige Berühmtheit erlangt hat. Eins ist neben der an sich geglückten Fahrt bewiesen worden: die Möglichkeit der Landung auf dem Lande.

Auf die Kunde davon zogen die Stuttgarter zu Tausenden und Tausenden die etwa 12 Kilometer lange Strecke hinaus, eine Völkerwanderung, die von Mittwoch früh bis in den späten Nachmittag ununterbrochen fortdauerte: zu Fuß, zu Ross, mit dem Rad und dem Auto, mit der Bahn! Und draußen entwickelte sich auf dem weiten Wiesenfeld bald ein fröhliches Leben. In Scharen kamen die „Liliputaner", sich das Ungeheuer anzusehen. Und man durfte auch, im Gegensatz zur Gepflogenheit anderer Bundesstaaten, ganz dicht heran. Unten in der Nähe aber sah das mit den Gondeln knapp über dem Boden schwebende Luftschiff ganz harmlos aus, trotz seinen bekannten Riesendimensionen in der Länge. Während nun all die tausend Leute lustig und guter Dinge sind – ein ganzes Bataillon Infanterie ist soeben freundlich begrüßt worden –, lassen sich mit einem Male Stimmen vernehmen, die auf einen Regenschauer hinter Echterdingen aufmerksam machen. (Es war kurz nach 3 Uhr, um 6 Uhr wollte Zeppelin nach dem bekränzten Friedrichshafen). Der Graf selbst befand sich im Dorfe. Gleich darauf aber heißt es: Das ist kein Regen, das ist Sturm, Staubwolken. Und bereits braust der Windstoß heran. Da hebt sich das Luftschiff, das in voller Breitseite vom Winde gefasst wird, ganz leicht und ohne besondere Erschütterungen und fliegt mit dem Winde davon. Einen Augenblick Totenstille, der Atem stockte, man weiß nicht, was werden wird, was das in Wahrheit bedeutet, ein paar spannende Augenblicke der Fassungslosigkeit. Dann setzt sich die tausendköpfige Masse in Bewegung. Während die einen flüchten, auseinanderstieben, sich zu Boden werfen, um dem nur ganz wenig über der Erde fliegenden Schiffe mit seinen Gondeln und Steuerflügeln zu entgehen, verfolgt die andere Partei zu Hunderten und Hunderten das fliehende Schiff. Der einzige Mann an Bord, den ich sehe, läuft verzweifelt von der hinteren Gondel durch den langen, verdeckten Gang über die Brücken zur vorderen Gondel. Und jetzt senkt sich auch die Spitze des Schiffes. Wird die Menge die Enden der nachschleppenden, gerissenen Ankertaue fassen können? Da scheint das Schiff mit der Spitze auf den Erdboden aufzustoßen. Ein Loch in der Ballonhülle? Nein, es ist die Flamme! Hat der Aufstoß die Explosion des Gases herbeigeführt? Eine schwache Detonation, neue Flammen ballen sich aus der Hülle des Riesenleibes heraus, eine zweite, dritte Detonation, Flammen, eine große, schwarze Rauchwolke vermischt mit Staub und Schmutz – und Zeppelins Luftschiff ist nicht mehr. Der Eindruck auf die Tausenden ist unbeschreiblich. Ein Schrei, wie wilde Verzweiflung und Verwünschungen, Schluchzen, Weinen, Drohen! Man rennt zur ein paar hundert Meter entfernten Unglücksstätte oder ins Dorf zurück. Hurra, hurra, Graf Zeppelin, hoch! Der Sturm schmeißt einem Staub in Haufen ins glühende Gesicht. Im rasenden Tempo fährt der Graf jetzt im Automobil durch die Menge. Keine Miene verzieht sich in seinem Gesicht. Der ganze Mann ist wie zur Marmorsäule erstarrt ...

Ein Augenzeuge im „Leipziger Tageblatt"

Zwei Meldungen

S t u t t g a r t , 5 . A u g u s t . Graf Zeppelin, dem die Unglücksbotschaft alsbald zuging, eilte vollständig gebrochen zu der Unglücksstätte.

S t u t t g a r t , 5 . A u g u s t . Graf Zeppelin, dem heute Mittag 2 Stunden vor dem Unglück von der Reichsbank auf Antrag der Reichsregierung eine halbe Million Mark überwiesen war, zeigte sich einige Zeit nach dem Unfall sehr gefasst und bekundete im Gespräch mit Bekannten seine alte gewinnende Liebenswürdigkeit.

Ein ahnungsloses Telegramm

Unmittelbar vor der Katastrophe gab Graf Zeppelin folgendes Telegramm auf:

Geheimrat Lewald, Berlin. Echterdingen 3 Uhr 30 Min. Gestriges Heruntergehen auf den Rhein, weil gesprungenes Rädchen eines Motors um Minuten zu spät ersetzt wurde, um Wärmeeinflüsse überwinden zu helfen, denen ein Motor nicht gewachsen. Heute auf einsamer Wiese so sanft, wie ich immer behauptet, aus ähnlichen Gründen gelandet, weil Weißmetall eines Lagers geschmolzen. Motor hatte zwei Dauerproben und Schweizerfahrt anstandslos bestanden. Bin von Mannheim bis Echterdingen bei Gegenwind meist nur mit einem Motor gefahren. Beabsichtige baldige Rückfahrt nach Manzell. Dürr und ich danken für Glückwünsche.

… Und eine Stunde später lacht die Sonne wieder! Erfinderschicksale. Das Luftschiff ist verloren. Aber die Idee lebt und mit ihr Graf Zeppelin. Das deutsche Volk wird ihm nun ein neues Schiff bauen, dessen sind wir alle hier sicher.

Ein Augenzeuge im „Leipziger Tageblatt"

Des Grafen Herzensgüte

Als der Graf von der Katastrophe erfuhr, raste er, umjubelt von der Volksmenge, die noch nichts davon ahnte, im Automobil zu der Unglücksstätte hinaus. Sein Erstes war, die Verletzten aufzusuchen und jedem ein Schmerzensgeld von fünfhundert Mark zu überreichen.

Dasselbe Gewitter, dessen Böen das Luftschiff von seiner Verankerung losrissen, hatte in Donaueschingen durch einen zündenden Blitzstrahl einen großen Teil der Stadt in Asche gelegt. Als die Kunde von diesem Unglück in Echterdingen bekannt wurde, zeichnete Graf Zeppelin, der noch nicht einmal wusste, wie er die Mittel für einen Neubau seines Luftschiffes zusammenbringen sollte, sofort eine hohe Summe für die Abgebrannten der schwer heimgesuchten Stadt.

Luftschiffbau Zeppelin

Ein glänzendes Angebot

Am gleichen Tage wurde noch bekannt, dass der Graf vor einiger Zeit von Amerika aus 20 Millionen Mark für sein Unternehmen angeboten erhalten habe. Dies geschah zudem zu einer Zeit, wo er nicht wusste, wie er die weiteren Mittel für den Ausbau seiner Idee auftreiben sollte. Er habe aber der Versuchung widerstanden und das glänzende Angebot abgelehnt.

Die Wächter des Luftschiffes

Der „Simplizissimus" goss damals seinen Hohn auf die unachtsame militärische Bewachung des Luftschiffes. Das Spottgedicht schließt mit dem Vers:

Wozu Tumulte und Kritiken?
Wir haben ja ... „des Schicksals Tücken"!
Versprach sich etwa wer was Mehr's
Bei dem Debüt des Militärs?

Was den Grafen gerettet hat

Um sich vor den nicht endenden Ovationen zu retten, hatte sich Zeppelin, wie er nachher selbst erzählte, in den „Salon" seines Luftschiffes zurückgezogen. Dort legte er sich platt auf den Boden, zu einem Mittagsschläfchen. Die Absicht, an seine Gattin zu drahten, führte ihn dann knapp eine Viertelstunde vor der Katastrophe aus dem Schiff heraus – sie hat ihm das Leben gerettet, denn wenig später wäre er der Explosion unfehlbar zum Opfer gefallen.

Das ungeheure Schicksal

In Straßburg sollen damals die Kinder gesungen haben:

Ringelringelreihen!
Zeppelin ist tot!
Zeppelin ist hin!

Ulrich Rauscher erzählt es. Und wie er da das ungeheure Schicksal verstanden, das sich vollendet hatte: „Als trete einer aus dem Schatten und sagte: Die Frau, neben der du heut lachend und trinkend gesessen bist, ist eben gestorben. Nein, schlimmer! Als hätte man die Krönung eines gewaltigen Ringens erlebt und dann hieße es: war alles schändlicher Schwindel! Ein gemeiner Scherz des Weltgeistes, den man nicht scherzend denken darf. Glück und Ende! Eine unendliche Summe alles dessen, was tragisch, unabwendbar, blind, schicksalsvoll ist. Und nach diesem einzigartigen, unerhörten Erlebnis erst ging der Klingelbeutel."

„Der Deutschen Stolz"

Mit dem Luftgeist hat er gerungen,
Den grimmen Feind siegreich bezwungen,
Aus Flammenglut stieg er empor,
Noch herrlicher wie je zuvor.
Der Deutschen Stolz, dem Recken kühn,
Ihm gilt der Stein – Graf Zeppelin.

Inschrift auf dem Echterdinger Gedenkstein

Ein geflügeltes Sonett zur Dauerfahrt

Und wieder hebt der deutsche Aar die Schwingen
Und zeigt den Welten seine beste Habe:
Den Mut, zum Sonnenlicht empor zu dringen.
Zum Himmelssturm die Fahne trägt ein Schwabe.

So kann der Mensch das Höchste nur erringen,
Wenn fest sein Glaube an der Götter Gabe:
Der Geist, er muss Naturgebot bezwingen!
Nur dass er tief sich ihr Gesetz ergrabe.

„Starr mein System." Das will der Zeit besagen:
„Den Nacken fest und steif das Rückgrat halten
Und stolz das Haupt gen alle Winde tragen!"

So trotzest du den tückischen Gewalten.
„Im Glücke still! Im Unglück nicht verzagen!"
So magst du frei durch alle Stürme schalten.

Ernst Traumann, Münchner Neueste Nachrichten 6. August 1908

DER WIEDERERWECKER

NATIONALER BEGEISTERUNG

ECHTERDINGEN

Dem Grafen Zeppelin

… … …

Deutschland voran! Wir harren auf die Meister,
Die über der Parteien Zwist und Enge
Als gute Boten durch die Lüfte gleiten
Und Lichtgedanken auf die Völker sprühn.
Von Babylon bis Leukas wühlten wir
Die Nacht der Erde auf und fronten hart,
Wir sind umdampft vom eisernen Jahrhundert,
Wir sind umdroht von mancher Panzerfaust –
Deutschland voran! Zeig uns das dritte Reich!
Reiße die Wolken durch! und lass im Anblick
Der fast vergess'nen Sonne alle Völker
Sich einigen zum großen Festgesang!

Friedrich Lienhard (Straßburg i.E. am 3. Juli 1909)

Schmied Zeppelin

… …

Wohl ein kräftiges Lied
War das von Wieland dem Schmied:
Aber noch froher sei dessen gedacht,
Der uns das Lied zur Wahrheit gemacht!
Ja, der, noch mehr uns zu weisen,
Recht über Nacht
All' das Eisen,
Das rostig lag und zerkleint,

Neu geglüht und geeint,
Und Schlag auf Schlag
Mit Hammergeklirr
Wieder zu sprühendem Sprung
Den Funken entfacht
Der Begeisterung!

Hanns von Gumppenberg

Echterdingen

… Und nun lag das stolze Fahrzeug, das am Tage vorher das ganze Rheintal hinab durch die Glocken der altehrwürdigen Dome und die begeisterten Jubelrufe des Volkes begrüßt worden war, in Trümmern zu seinen Füßen. Wiederum schien alles vernichtet. Aber nur einen Augenblick. Denn jetzt zeigte sich, welche geradezu beispiellose Verehrung Graf Zeppelin sich durch sein mutiges Kämpfen für seine Sache im Herzen des deutschen Volkes errungen hatte, dem die Führung in der Eroberung der Luft zu gewinnen stets das Ziel des Grafen gewesen war. Im Herzen des Schwabenlandes war das Unglück über den wagemutigen Schwaben hereingebrochen und schwäbische Männer sind es gewesen, die unter unendlichem Jubel einer begeisterten Menge mit markigen, herzlichen Worten dem Grafen Mut zusprachen und ihm den Beistand des deutschen Volkes für die Fortsetzung seines Werks verhießen. Und wie recht hatten sie. Während schon auf dem Felde von Echterdingen die erste Sammlung für ein neues Luftschiff zustande kam, trug der Telegraf, der eben erst die Kunde von dem großartigen Flug des Luftschiffes verbreitet hatte, die Trauerbotschaft in alle deutschen Gaue. Und wie die Einwohner der schwäbischen Hauptstadt und ihrer Umgebung die Zeugen der Katastrophe gewesen waren, vereinigte sich das ganze deutsche Volk in dem Wunsch, dem schwergebeugten Manne zu helfen. Die deutsche Presse erließ zündende Aufrufe, richtete Sammelstellen für die reichlich fließenden Geldspenden ein, und mit einem Schlage hatten sich alle Deutschen zusammengefunden zu einer nationalen Tat, wie sie die Geschichte seit langem nicht mehr zu verzeichnen hatte.

Luftschiffbau Zeppelin

Nach der Katastrophe

Nachdem Graf Zeppelin von der Unglücksstätte in sein Standquartier zurückgekehrt war, begab er sich durch die s p a l i e r b i l d e n d e, s c h w e i g e n d e M e n g e sichtlich schwer n i e d e r g e d r ü c k t in sein Zimmer, begleitet von Oberingenieur Dürr. Da die versammelte Menge nach dem Grafen verlangte, ließ er sich nach einiger Zeit bewegen wieder herunterzukommen, und hier hielt ein Herr eine A n s p r a c h e, indem er dem Grafen das Mitgefühl ausdrückte für das Unglück, das ihn betroffen. Er sprach die Hoffnung aus, dass bald der Zeppelin Nr. 5 wieder steigen werde und forderte zu einer S a m m l u n g auf. Der Graf erwiderte, das würde wohl n i c h t n ö t i g sein, das Reich würde ihm an die Hand gehen. Er freue sich aufrichtig über die reichen Sympathien und werde mit frischem Mut an das Werk gehen. Dann kehrte er auf sein Zimmer zurück. Als ihm eine Dame auf dem Weg abermals Mut zusprach, sagte er: „D a f ä l l t e i n e m d e r M u t n i c h t i n d i e H o s e n t a s c h e." Es ist ein tragisches Geschick, dass während des Brandes Graf Zeppelin in seinem Zimmer ein Telegramm an seine Tochter aufgab, in dem er ihr Mitteilung von der g l ü c k l i c h e n Fahrt machte.

Frankfurter Zeitung

Graf Zeppelin war anfangs natürlich niedergeschmettert. Besonders drückte ihn die Sorge um die Verletzten nieder, die ein Dutzend Jahre seine Helfer gewesen waren. Aber seiner elastischen Natur wurde es diesmal umso leichter gemacht, sich schnell aufzuraffen, als ihm sofort, noch auf dem Unglücksplatze, Beweise der Teilnahme und Hilfsbereitschaft aus dem Volke gegeben wurden. Heute früh um ½8 Uhr, wie wir ihn besuchten, lagen schon Berge von Depeschen auf seinem Schreibtisch und zwar zum großen Teil keine platonischen Sympathiebezeugungen, sondern recht r e a l e A n e r b i e t u n g e n von Hilfe.

Frankfurter Zeitung

Es wird weitergebaut

Friedrichshafen, 6. August 3 Uhr 50 nachm.

… So wurde in der Konferenz, die Graf Zeppelin mit dem Vertreter des Reichsamtes des Innern heute Mittag hatte, denn auch ausgemacht, dass der Graf weiterbauen solle auf Kosten des Reiches und zwar in möglichst schnellem Tempo.

Frankfurter Zeitung

Die „ruhig denkenden Fachleute"

Nicht alles gab sich damals der rückhaltlosen Begeisterung hin, die die Katastrophe geweckt hatte.

Unmittelbar nach dem Unglück suchte ein Mitarbeiter des „Berliner Lokalanzeigers" den Hauptmann von Krogh auf, um ihn über seine Ansicht zu befragen.

Der Hauptmann erklärte: „Es hat so geendet, wie alle ruhig denkenden Fachleute vorausgesehen haben. Wir müssen mit dem heutigen Tage an einem Wendepunkt der Motorluftschifffahrt angelangt sein. Es geht nicht mit dem starren System."

Die Bauern und die Echterdinger Katastrophe

Die Bauern hatten sich nie so recht mit den Prometheusgefühlen Zeppelins abfinden können. Ihre Bewunderung war nicht ganz rein, etwas wie noch nicht überwundene Scheu vor dem Geheimnisvollen blieb in ihnen zurück. Nach der Echterdinger Katastrophe wagte sich dieses Gefühl ans Licht. Der eine sagte, indem er seine Kappe zog: „Er hat ihm eine Grenze gesetzt, die wird er nicht überschreiten." „So ist's recht", meinte ein anderer, „was haben die da droben zu tun. Die Luft gehört unserem Herrgott!" Ein Tübinger Radfahrer musste etwas ähnliches von einer Bäuerin hören. „Ja, da sieht mer's wieder", erklärte sie, „unser Herrgott lässt sich net verspotta. D'Luft g'hört de Vögel!" – „Und der Erdboden de Rindviecher", antwortete der Radfahrer und fuhr weiter.

DAS VOLK STEHT AUF

Das sei des Deutschen Wahlspruch heut,
Wo deutscher Klang das Herz erfreut:
Erbaut von deutschen Volkes Gut,
Gesteuert durch eisernen Mannes Mut:
Und hoch den Kopf zum Ziel hinan,
Ein ganzes Volk und sein stahlfester Mann.
Hoch Zeppelin „Fünf!"

Ein Konstanzer Gymnasiast am Abend der Katastrophe

Ein Wunder

Es ist ein Wunder geschehen, von vorgestern bis heute ist eine Wandlung eingetreten, für die die Pessimisten, die Schwarzseher – und ihre Zahl ist im Wachsen begriffen gewesen – keine Möglichkeit sahen. Die Stimmung der Trauer und des Schmerzes um das Missgeschick des kühnen Erfinders auf dem Felde von Echterdingen hat sich umgesetzt in die Entschließung, in tatkräftiges Handeln, in hoffnungsfreudige Tatkraft …

Das Wunder ist geschehen: der deutsche Idealismus, längst totgesagt und eingesargt, lebt noch und durchbraust mit der Gewalt eines Sturmwindes unser Vaterland, alles mit sich fortreißend zu idealen Zielen. Mancher hat es nicht glauben wollen, dass dieser deutschen Urkraft eine solche Wiedergeburt beschieden sein könnte, und wohl konnte man zuzeiten daran zweifeln.

Ernst Keil, Stuttgart Neues Tagblatt, 7. August 1908

Das Volk wird helfen

Frischauf, lass junge Freude
Durch deine Seele geh'n!
Dein königlich Gebäude
Muss aus dem Staub ersteh'n.
Und ob wie Wind zerstiebe
Die Zeit im Wechselspiel,
Des Volkes Gunst und Liebe
Führt helfend dich ans Ziel!

Christian Schmitt, Straßburg

Im Flug

Wie keinem je zuvor es ist gelungen,
Hast du „im Flug" die Herzen dir errungen.

Aus dem Kladderadatsch

Die Sammlung

6. August 1908

… Wir mussten uns aber sagen, dass Graf Zeppelin nicht der Mann ist, für den man eine Aktion einleiten dürfte, ohne ihn befragt zu haben. Wir haben ihn daher gestern telegrafisch um seine Zustimmung ersucht und einen seiner Freunde gebeten, bei dem Grafen unser Ersuchen zu befürworten. Von diesem Freunde erhalten wir nun folgende Depesche:

„Graf Z e p p e l i n erklärte mir soeben, dass er seinen Widerstand gegen derartige Sammlungen aufgebe und das deutsche Volk in seinen schönen Bemühungen, der Nation das Luftschiff wiederherzustellen, nicht hindern möchte."

Frankfurter Zeitung

Alldeutschlands Dank

Du gabst uns, was wir lang nicht mehr empfanden:
Den schönsten Stolz, e i n   e i n i g   V o l k zu sein.
Der Geist der Zwietracht ward an dir zu schanden,
Alldeutschland will dir Dank und Hilfe leih'n!
D u   H e l d   d e r   T a t , der frei von Erdenbanden
Als Herrscher uns ins Luftreich führte ein ...

Prof. Dr. Gottfr. Kratt, Durlach

Aufruf des Kronprinzen

Am 7. August bildete sich ein Deutsches Reichskomitee zur Aufbringung einer Ehrengabe des gesamten deutschen Volkes für Graf Zeppelin zum Bau eines neuen Luftschiffes. An seine Spitze stellte sich der deutsche Kronprinz.

Und ist auch dein Ballon zerschellt,
Alldeutschland bleibt dir hold –
Die Stange, die d e i n   V o l k dir hält,
Ist eine S t a n g e   G o l d .

Ulk, 14. August 1908

Nur ein Wille beherrscht alle

Motorschaden und Mangel an Erfahrung in der Führung haben mich zweimal zum Landen auf dem begonnenen Dauerflug meines Luftschiffes genötigt. Auch die Landung auf festem Boden vollzog sich vollkommen glatt. Unerwartet aufgetretene elementare Gewalten haben dann das schöne Fahrzeug zerstört. Mittel und Wege sind bekannt, um solche Vorkommnisse immer seltener werden zu lassen, sodass die Luftschiffe bald zu den betriebsichersten Fahrzeugen zählen werden. Das ist auch der begeisterte Wunsch des deutschen Volkes. Nur ein Wille beherrscht alle, hoch und niedrig, alt und jung; alle verlangen, dass ich, ungebeugt durch den harten Schicksalsschlag, dem Vaterland ein neues Luftschiff bauen soll und alle spenden an Mitteln, was in ihren Kräften steht. Diese einmütige nationale Bewegung, die ihren Eindruck in der Welt nicht verfehlen wird, ergriff mich mit unwiderstehlicher Macht. Meine Wehmut ist in ein stolzes Glücksgefühl gewandelt und mit gerührtem Dank und in freudiger Begeisterung übernehme ich den mir von der Nation gewordenen Auftrag zum Weiterbauen. Zur Sammlung der für einen Luftschiffneubau einkommenden Spenden habe ich die Allgemeine Rentenanstalt in Stuttgart bestimmt, bei der eine besondere Rechnung unter dem Titel: „Nationaler Luftschiffbaufonds für den Grafen Zeppelin" geführt werden wird. Dahin bitte ich die Spenden richten zu wollen und werde ich die unmittelbar an mich gelangten leiten. Ich beabsichtige, den Herrn Reichskanzler um Bestimmungen einer Kontrolle über die Verwendung des Fonds im Sinne der Spender zu bitten.

Graf Zeppelin 8. August 1908

Rührende Beiträge

Eine Berliner Redaktion erhielt aus dem armen Nordosten der Stadt eine Zehnpfennigmarke für die Spende mit dem rührenden Begleitbrief:

Aus meiner Sparbüchse habe ich den letzten Groschen genommen und sende eine Zehnpfennigmarke. Meine Schwester hatte nur fünf Pfennig, dafür kauften wir eine Marke für das Kuvert. Vater und Mutter wissen nichts davon. Graf Zeppelin soll recht viele Luftschiffe bauen. Wir möchten auch mal mitfahren. Grüßen Sie Graf Zeppelin. Zwei Schulmädel Grete, Else

Auf eine andere Redaktion brachte ein ganz armer Knabe fünfzig Pfennig und sagte, als er noch ein paar weitere Pfennige in seinem Geldbeutel erblickte: Da, nehmen Sie gleich alles für den Grafen Zeppelin!

Dies machte dem Buben des Redakteurs einen solchen Eindruck, dass auch er seine Ersparnisse hergab, trotzdem sie bereits für ein anderes Vergnügen bestimmt waren.

Zeppelin im Kinderlied

Hurra, hurra, hurra!
Der Zeppelin ist da!
Ein weißes Luftschiff seh' ich da!
Zwei Gondeln hängen dran –
Hurra, der Zeppelin ist ein Mann!

Begeistert haben es die Kinder vor einigen Jahren gesungen, als Zeppelin sich hinauswagte in den blauen Äther zu langer Fahrt. Ein Mann ist der Zeppelin! Das schlichte Lob klingt doppelt, weil es aus Kindermund kommt. Denn die Lieder unserer Kinder können mit Recht als Spiegel und abgekürzte Chronik des Jahrhunderts bezeichnet werden.

Stuttgarter „Neues Tagblatt" 5. Juli 1913

Die Volksspende für den „Ersatz Echterdingen"

erreichte bis

Mitte Okt. 1908	5.513.336 Mark
Mitte Apr. 1909	6.096.555 Mark
Mitte Juli 1909	annähernd 7.000.000 Mark

Davon waren nach einer damaligen Schätzung der „Württemberger Zeitung" am Tag nach dem Echterdinger Unglück bereits mehr als anderthalb Millionen gezeichnet.

Noch heute erzählt man sich oft und gerne im Zeppelinschen Kreis von dem reichen Segen, der damals nach der unglückseligen Katastrophe von Echterdingen wie ein Wunder hereinbrach und sich über Friedrichshafen ergoss. Tage und Wochen war man vollkommen außerstande, die Einläufe zu bewältigen. Zwischen bunten Ansichtskarten, zwischen der Wurst und dem Schinken, die kleine Leute in bester Absicht geschickt hatten – denn keiner ließ es sich nehmen, sein Scherflein zur Nationalgabe beizusteuern – lagen da lange unbeachtet Briefe mit 1.000 und 10.000 Mark Inhalt. Die Pakete und Kisten wuchsen zu Hügeln an.

Stuttgarter „Neues Tagblatt", 5. Juli 1913

Verwendung der Volksspende

… Durch Anspannung der mir noch verbliebenen Kräfte, um Deutschland diesem hohen Ziele näher zu führen, glaube ich am besten dem tiefen Dankgefühl Ausdruck verleihen zu können, das mich gegen alle erfüllt, die mir mit ihren Gaben, Ehrungen und Auszeichnungen Hilfe gebracht und Freude bereitet haben. Das schönste Ergebnis des durch die Volksspende ermöglichten Entwicklungsganges meines Unternehmens wäre aber, wenn allgemein anerkannt würde, welch herrliche Früchte das einige und begeisterte Zusammenwirken von Fürsten und Volk mit Hintansetzung aller Sonderbestrebungen zu zeitigen vermag, und wenn diese Erkenntnis dann zur Wiederholung solchen einmütigen und opferfreudigen Zusammenhaltens anfeuern würde, so oft es sich um eine für das Wohl und die Ehre des Vaterlandes wichtige Sache handelt.

Vorläufiger Bericht Zeppelins im „Schwäbischen Merkur"

Keine Bevormundung

Dass das deutsche Volk nicht gewillt war, irgendwelche Bevormundung des Grafen aufkommen zu lassen, geht aus folgender, vom 14. August 1908 datierten Meldung aus Worms hervor:

Das Reichskomitee in Berlin richtete an die Bürgermeisterei Worms ein Schreiben, alle für Zeppelin eingehenden Gelder an das Reichskomitee abzuliefern. Die Stadt Worms hat es aber entschieden abgelehnt, diesem Ansinnen stattzugeben und wird die Gelder an die Rentenanstalt in Stuttgart für den „nationalen Luftschiffbaufonds" abliefern.

An den Vorstand des Kuratoriums

Der Geheime Baurat Rathenau in Berlin machte den Vorschlag, für
die Verwaltung der Zeppelinvolksspende ein Kuratorium einzusetzen.
Aber er begegnete mit seinem Plane dem allgemeinsten Widerstand.

> *O Rathenau, o Rathenau!*
> *Verfehlt scheint uns dein Streben –*
> *Dein Rat ist denn doch herzlich mau*
> *Und geht recht sehr daneben.*
> *Bleib du nur ruhig in Berlin*
> *Und hilf hübsch mit beim Stiften,*
> *Auch ohne dich wird Zeppelin*
> *Schon fertig in den Lüften.*
>
> Kladderadatsch

In der Münchner „Jugend" wurde das Kuratorium mit dem eben auf-
getauchten Hauptmann von Köpenick in folgender Weise aufs Lus-
tigste verquickt:

> *An den Grafen Zeppelin*
>
> *Ich bin so frei, Graf Zeppelin,*
> *Jetzt Ihnen zu bejrüßen.*
> *Ich bin so frei hier in Berlin,*
> *Ich bin uff freien Füßen.*
> *Man sammelte ja ooch for mir,*
> *Doch ohne viel Brimborium.*
> *Herr Graf, et sagte niemand hier*
> *Wat von 'nem Kuratorium.*
> *Wat nutzt et Ihnen denn nanu,*
> *Det Sie, herrje, jejraft sind?*
> *Will man Vertrauen sehn partout*
> *So muss man vorbestraft sind.*
>
> Wilhelm Voigt, Hauptmann von Köpenick

Der Fiskus und die Spende

Und als bekannt wurde, dass die Zeppelinspende versteuert werden müsse, bemerkte der Kladderadatsch ironisch dazu:

Wie, edler Fiskus? Auf des Volkes Spende
Legst du die alten, dürren, gier'gen Hände?
Ja, logisch denkst du, das ist wirklich wahr,
Und ferne sei mir jegliches Gekrittel:
Dieweil der Zweck, das Luftschiff, steuerbar,
Erscheinen steuerbar dir auch die M i t t e l !

Ein Wort an das deutsche Volk

Die Fahrt meines Flugschiffes in das Herz der Schweiz und dann den Rhein hinunter nach Mainz und zurück über Stuttgart haben allüberall den Glauben erwachen lassen, das von mir verheißene sichere Durchfahren des Luftreiches sei der Erfüllung nah.

Die gezwungenen Landungen während der Dauerfahrt und die schließliche Vernichtung des stolzen Fahrzeugs durch Sturm- und Feuergewalt haben das gewonnene Vertrauen nicht mehr zu erschüttern vermocht. Ganz Deutschland, wie ein Mann, entschlossen, die kostbare Errungenschaft festzuhalten, hat sich zu der Tat zusammengetan, durch opferfreudige Gaben mir die Vollendung des Begonnenen zu ermöglichen.

Wie traurig wäre es, wenn das begeisterte Hoffen zuschanden würde, wenn der herrliche Aufschwung, den das deutsche Volk in dieser Sache genommen, im Sande verlaufen müsste. – Gott sei Dank, wir brauchen diese Furcht nicht zu haben. Was Unkenntnis des wahren Sachverhaltes auch an Zweifeln verbreiten mag, die wissenschaftliche Untersuchung und die fachmännische Beurteilung aller Vorkommnisse bei den Fahrten bis zum tragischen Ende haben das Zutreffen meiner alten Annahmen in allen Hauptsachen nur zu bestätigen vermocht. Meine Luftschiffe werden bald zu den betriebsichersten Fahrzeugen zählen, mit welchen weite Reisen bei verhältnismäßig gerings-

111

ter Gefahr für Leib und Leben der Insassen ausführbar sind. Mit froher Zuversicht darf das deutsche Volk demnach annehmen, dass es sich mit seiner hochherzigen Spende einen gangbaren Weg zur wahrhaftigen Eroberung des Luftmeeres aufgetan hat; dass es bald im Besitz von Luftschiffen sein wird, die zur Erhöhung der Wehrkraft und damit zur Erhaltung des Friedens beitragen und in mancherlei Weise dem Verkehr, der Erderforschung und allerlei Aufgaben der Kultur dienen.

Wenn mir noch ein paar Jahre des Schaffens geschenkt werden, so werde ich das seltene hohe Glück haben, den vollen Erfolg einer bedeutsamen Erfindung, zu deren Werkzeug ich erkoren war, erleben zu dürfen. Am höchsten aber ist Gott zu preisen, dass mein Schaffen mit seinen wechselvollen Schicksalen in der Seele des deutschen Volkes eine allen gemeinsame und darum alle verbindende begeisterte Teilnahme wachgerufen hat.

Mein Werk konnte nur wachsen und reifen, weil ich ausreichende Bildung zum Begreifen der mir gestellten Aufgabe und die Lebensstellung sowie die Mittel besaß, um mir das Wissen und Können, die Geschicklichkeit und die Leistung von Gelehrten, Ingenieuren und von Arbeitern jeder Art vom Feinmechaniker bis zum Taglöhner dienstbar zu machen. Alle waren unentbehrlich; aber je weniger Schule, Vorkenntnisse und Fertigkeit die verschiedenen Aufgaben erforderten, desto leichter waren die mit diesen Betrauten zu ersetzen. Nur selten war ein Wechsel notwendig, da das gesteckte Ziel alle ohne Unterschied des Stammes, der Lebensstellung, der religiösen und politischen Anschauung und des Besitzstandes zum stolzen, freudigen Zusammenwirken begeisterte; und alle haben auch – mit Ausnahme bisher des kapitalgebenden Unternehmers – Vorteil und Verdienst dabei gefunden. Nur mit solcher geordneten Verbindung der verschieden abgestuften Gaben und Kräfte war das hohe Ziel zu erreichen.

So stellt der Erfolg meines Unternehmens ein Bild dar dessen, was sich heute einmal wieder in der herzerhebendsten Weise in Deutschland vollzieht. Gleiches Wollen hat alle, Fürsten und Volk, reich und arm, alt und jung zu gleicher Tat vereint, der die wertvolle Frucht nicht versagt bleibt.

Möchte die Freude des gesamten deutschen Volkes an seiner Tat es zu stets erneutem einigem Zusammengehen, ohne welches die ihm innewohnende Kraft niemals zur vollen Wirkung kommen kann, anfeuern, zum Nutzen und zum Heile des Vaterlandes!

Dieses „Wort" sprach der Graf auf eine Grammofonwalze. Als man sie zur Probe abspielen ließ und die Stelle laut wurde, wo er von „Erhaltung des Friedens" und von Verkehr und Kultur gesprochen hatte, sagte er plötzlich: „Das muss man ganz besonders stark betonen." – So geht die Sage, und es wird auch behauptet, dass die Aufnahme nochmals erfolgen musste, weil er die Platte durch seinen lauten Zwischenruf verpfuscht hatte.

Ein Mann und eine Tat

Ja, ein Schauspiel wurde gegeben
Schöner, als was da zerfiel;
Leuchtend über unserm Leben
Stand das eine große Ziel.
Nimmer schlägt ein Wetter nieder
Unseres Glückes reiche Saat,
Denn wir haben endlich wieder
Einen Mann und eine Tat.

Kladderadatsch

UNSER ZEPPELIN

SONN' AUF!

Ein neues Lied vom Grafen Zeppelin

„Lacht, wollt ihr lachen!
mir tut es nichts!
Ich mach's und wird's machen,
und biegt's nicht, so bricht's!
Doch ich bieg's,
ich krieg's,
ich fliege noch!
Ich sag: es geht!
Es geht nach rechts und geht nach links!
Ich setz den letzten Taler dran und halt es durch und zwing's!

Und wenn ihr tausend Mann hoch steht
und mir allorts den Weg verlegt …
ein Lump ist, der sich lumpen lässt,
ein rechter Kerl ist kugelfest!
Frischauf und drauf,
die Hand am Knauf …
einem braven Reiter
hilft Gott noch allemal weiter!

Ich mach's
und schaff's,
ich sag: es geht,
es geht nach rechts und geht nach links,
und brauch ich hundert Jahr dazu,
ich hau es durch und zwing's!"

Und nun kommt's durch den stillen Raum
gleich einem silberlichten Traum
sonn' auf!
So friedlich froh, so sieghaft sicher,
so leicht, so aller Schwere frei,
als ob es selbstverständlich sei …
sonn' auf!

Und lächelnd stehst du still und siehst,
wie es zu dir heruntergrüßt:
„Sonn' auf!"
sich senkt und lenkt
und naht und neigt
und wieder hoch und höher steigt:
„Sonn' auf!"
und pfeilgeraden Fluges, kaum
begriffen ganz,
im blauen Glanz
gleich einem silberlichten Traum
entschwindet überm Hügelsaum:
„Sonn' auf!"

*

„Mein deutsches Volk, ich schenk es dir!
Es ging dir auch ja schon wie mir,
auf manchem deiner Wege!
Doch wo ein Wille am Werk,
trägt's über den Berg,
er sei so steil er möge!

Und wenn man spottet auch und lacht,
bleib treu dem, das dich groß gemacht,
lach mit und sag:
Verzag, wer mag!
Es kommt ein Tag,

an dem's gelingt,
ein Tag, an dem die Hülle sinkt,
ein Tag, der euch zum Glauben bringt!
Und sperrt man rechts den Weg und links,
fürcht dich vor rechts nicht, noch vor links
und sieg es durch und zwing's!

Kopf-oben-auf,
die Hand am Knauf,
mein deutsches Volk … Sonn' auf!"

Cäsar Flaischlen

UNSERES ZEPPELINS STREBEN

NEUE SIEGE

Mühe und Arbeit

Graf Zeppelins Leben war schön – d e n n es ist Mühe und Arbeit gewesen. Und des Siebzigjährigen Leben bestand jetzt erst recht aus Arbeit und wieder Arbeit. War die Mühe ihm wirklich Mühe? Wohl kaum, denn als einmal, kurz vor der großen Berliner Fahrt, ein Geschwür am Hals einen operativen Eingriff und einen Aufenthalt im Krankenhaus zu Konstanz nötig machte, da vermochte der Graf kaum den Augenblick zu erwarten, in dem er wieder neuer Arbeit sich widmen dürfte.

Kranke Tage

Ein rührendes Bild bot sich zu jener Zeit im dortigen Spitalgarten den Gästen mehrmals dar. Die greise Großherzogin Luise von Baden, die auf der nahen Mainau weilte, kam öfter, um nach dem kranken Grafen zu sehen. Und nun die beiden Alten im Garten! Die Großherzogin für den Grafen treu und mütterlich besorgt und der Graf in seiner ritterlichen und liebenswürdigen Weise für die Großherzogin besorgt, dass kein Luftzug ihr schade und sie gesüßt sitze.

A. Vömel, „Graf Ferdinand von Zeppelin, ein Mann der Tat"

Zeppelin und das Volk

Das Jahr 1909 ist im Werke des Grafen kein Unwichtiges. Jetzt hieß es das Vertrauen durch die Tat befestigen, das er im Jahr zuvor erlangt. Und jetzt wollte er dem deutschen Volke zeigen, dass es sein Geld nicht für ein Hirngespinst hergegeben hatte. Jetzt wollte er dem Volk überall im weiten Reiche seine Luftschiffe vorführen – seine und des

Volkes Luftschiff. Als der Graf im April in München und im August in Berlin erschien, da achtete das Volk nicht die Schranken, die das Militär um den Landungsplatz gezogen: es durchbrach den Ring, um seinem Zeppelin aus allernächster Nähe zuzujubeln.

Lohnt es sich, diese Fahrten im Einzelnen zu nennen? Es genügt, die eine oder andere Episode zu berichten, die unseren Zeppelin so zeigt, wie er ist.

Des Kapitäns Pflicht

Als Zeppelin das erste Mal nach München fuhr, wurde das Luftschiff nach Niederbayern abgetrieben. Einige Stunden später landete es bei Niederviehbach, von wo es am nächsten Tag bekanntlich wieder zurückfuhr.

Der Dingolfinger Bezirksamtmann erschien sofort auf dem Landungsplatz und lud den Grafen ein, in seinem Hause abzusteigen. Zeppelin dankte ihm für diese Aufmerksamkeit, bemerkte aber gleichzeitig: Ein Kapitän bleibt auf seinem Schiff!

Die Pfingstfahrt des *Z II*

... Als Kehrpunkt wurde Bitterfeld[9] aufgesucht, wo Telegramme mit der Meldung der Umkehr abgeworfen werden sollten. Die Nacht war wiederum teilweise dunkel und regnerisch; auch Nebel stiegen auf. Jenseits Stuttgart trat frischer Gegenwind ein, dass wir beschlossen, zu größerer Sicherheit bei Göppingen Benzin und Öl einzunehmen. Bei der durch den starken Auftrieb erschwerten Niederfahrt in weitem Bogen auf den in der breiteren Sohle des Filstals gewählten sehr günstigen Landungsplatz geriet der Steuermann in ein Seitental, und anstatt durch die Talmündung zurückzukehren, lenkte er gegen den die Täler scheidenden Bergrücken. Die Höhensteuerung vermochte aber das Luftschiff in dem nur Sekunden währenden Augenblicke deshalb

---

9   Anm. des Verlags: Heute ein Stadtteil der Stadt Bitterfeld-Wolfen in Sachsen-Anhalt.

nicht genügend hochzubringen, weil die Fahrt dem Winde entgegen-
lief und daher an dem diesseitigen Hang einer niederdrückenden Luft-
strömung begegnete. Das Auftreffen auf einen am Hange stehenden
großen Baum war nicht mehr zu vermeiden. Wie von mir längst auch
in öffentlichen Vorträgen vorhergesagt, wirkte das federnde, durch die
nachgiebige Innenspannung der Gaszellen noch versteifte Gerippe so
abschwächend auf den Anstoß, dass diesem jede heftige, für die Besatzung und die Triebwerke schädliche Kraft benommen wurde. Dagegen wurden das Gerippe bis nah an die vordere Gondel heran mehr
oder weniger stark verbogen und zertrümmert und die vorderen Gaszellen durchlöchert. Bevor das Ereignis in der 39. Fahrtstunde eintrat,
war kein Kubikmeter Gas und kein Liter Ballastwasser ausgegeben
worden, sodass bei Göppingen Betriebsmittel für eine neue Fahrt von
langer Dauer hätte eingenommen werden können. In der durch meine
Ingenieure mit hervorragendem Geschick ausgeführten Weise wurde
das Luftschiff so weit geflickt, dass es am folgenden Tage – 1. Juni – 3
Uhr 20 nachm. den Flug nach Friedrichshafen wieder antreten konnte.
Um 6 Uhr 18 am 2. Juni morgens, also nach über 57 Stunden Abwesenheit, war *Z II* in seiner Halle zu Manzell wieder geborgen.

Aus dem offiziellen Bericht des Grafen Zeppelin

Altheidelberg, du Feine!

Als Zeppelin mit dem *Z II* nach Frankfurt fuhr, wurde das Schiff hinter Heilbronn durch eine Böe schnell nach Westen geführt und so ein
Stück aus dem beabsichtigten Kurs gebracht. Nun ging es nordwärts
in erfolgreichem Kampf gegen den Wind. Da mit einem Male lag, als
man über einen Bergrücken wegflog, unten im Tal die Stadt Heidel-
berg. Der unerwartete Anblick war ergreifend. Graf Zeppelin brach,
wie Direktor Colsmann später erzählte, vor Bewegung in Tränen aus.

Die „Leiche"

Nach dem zweiten Aufstieg in Frankfurt, am 2. August, brach ein Propeller. Das war eine schlimme Sache. Denn nach der Begeisterung von

1908 war ein Rückschlag eingetreten, und zu den wenigen, die der Erfindung treu blieben und dem Unternehmen auch weiterhin ihre Unterstützung angedeihen ließen, gehörte die Stadt Frankfurt. Und es war sehr unangenehm, wenn gerade hier ein Missgeschick vorfiel.

Aber der Graf behielt seine unerschütterliche Heiterkeit. Und dem Ingenieur Stahl, der den Unfall meldete, sagte er seelenruhig: Nun, so bringen Sie die Leiche einmal her!

Berlin im Zeichen Zeppelins

Ein Beobachter schreibt aus Berlin, ausgehend von dem „Zeppelin-hut" und „Zeppelinschlips": Zeppelin hier, Zeppelin da, man begegnet seinem Namen, seinem Konterfei auf Schritt und Tritt. Das Porträt des neuen Nationalheros ist den Deckeln billiger Taschenuhren aufgeprägt; es findet sich auf Taschenmessern, auf Kinderschürzen, überraschend bunten Schnupftüchern, Tassen, Tellern, Briefpapier, und auch eine Zigarrensorte, die sicherlich viel Luft hat, ist nach dem württembergischen Grafen benannt, nicht zu vergessen natürlich die Ansichtskartenindustrie ... Medaillen auf den 28. August sind selbstverständlich gleichfalls geprägt worden. Und dann die Broschen. Und die Manschettenknöpfe. Und die Löffel. Und die Berloques. Und die Zigarren- und Zigarettentaschen. Die Federhalter. Die Seifen. Alles trägt Zeppelins Namen oder Bildnis, die gesamte Industrie scheint in dem Grafen den Förderer ihrer Sonderinteressen und in zweiter Linie erst den Förderer der Luftschifffahrt zu erblicken.

Der Zeppelin in Berlin

Fontane
sieht von seiner Himmelslaube
auf Tegels rotes Heidebett,
Drein sich zum ersten Mal dein Silberfisch gelegt.
Er lächelt, und aus reich geflaggter Wolken-Nische nickt er still.
Fern kreist ein Wälderrand am Horizont.

Stahlblauer Festungsgürtel.
Nur einen einz'gen Hals hat heut Berlin,
der reckt sich. Ein Jubelmund, ein Aug', ein Herz.

*

Polonius hat recht, ganz wie ein Walfisch.
Tief kiemenatmend und bewehrt mit Flossen.
Dann elegant, wie eine Lachsforelle,
Ein Saurier, der Menuett gelernt hat.
Dann Barke, Pfeil, Kondor und Königsadler.
Schräg hingelegter Wolkenkratzer,
Luftlohengrin, Alldeutschlands Silbermöwe,
Chamäleon und Proteus.
Nur wer sich wandelt, ist mit dir verwandt.
Du Marschallstab der Luft,
von dem Gott lächelnd zum Versuch
für eine Spanne Zeit die Hand wegnahm.

*

Um letzte Wolken kreist er
im Wandervogelglücke.
Pfadfinder, Luftfeldmeister,
Gottkind und Himmelsbrücke.

Adolf Petrenz, Tägliche Rundschau, 8. Juli 1913

Das Ventil für den Enthusiasmus

Das Schaufenster eines Einmarkbazars ist kreuz und quer mit steifen Blechzeppelinen, dem bekannten mechanischen Kinderspielzeug geschmückt. Das Arrangement sieht überwältigend unschön und unkünstlerisch aus und bietet umso weniger der Betrachtung Wertes, als die kleinen Luftschiffe, die an einem Faden unter wilden Drehungen der Propeller abschnurren, ja längst keinem Menschen mehr fremd oder neu sind. Und trotzdem ist die Auslage unausgesetzt dicht umdrängt – nicht etwa von Kindern, die es ja eigentlich angeht, nein,

123

von Erwachsenen. Sie stehen und stehen und schauen, wo nichts zu schauen ist. Sie suchen eben ein Ventil für ihren Zeppelinenthusiasmus, und es hat eigentlich etwas Rührendes, Bezwingendes, dass ihnen dazu alles recht ist, was an den teuren Namen gemahnt.

Ein Berliner Berichterstatter in der Münchner Zeitung

Der Graf auf dem Ehrenplatz

Nach der Besichtigung des Luftschiffes durch den Kaiser in Berlin ließ dieser den Grafen zuerst in das Auto einsteigen, setzte sich dann links neben ihn, und sagte zu ihm: S i e müssen die Grüße erwidern, denn sie gelten nicht mir, sondern Ihnen!

Ansprache Zeppelins bei der Abfahrt

Ich danke Ihnen und Ihren Mitbürgern für die warme und begeisterte Aufnahme, die ich nicht nur beim Kaiser und seinem Hause, sondern auch bei der ganzen Bevölkerung gefunden habe. Sie wissen, dass es schon lange mein Wunsch war, nach Berlin zu kommen. Wenn es mir trotz vieler Zwischenfälle, die mich hier auf der Fahrt getroffen haben, gelungen ist, so habe ich das Gottes Hilfe zu danken. Nochmals meinen herzlichsten, innigsten Dank!

Der Graf gratuliert

Eine weitere denkwürdige Fahrt des Grafen ist die Huldigungsfahrt zur silbernen Hochzeit des württembergischen Königspaars am 7. April 1911. Als die „Deutschland" um Mittagszeit das Stuttgarter Schloss überfuhr, ließ der Graf an einem Fallschirm eine Blumenspende herabgleiten.

In Wien

Zeppelins Besuch in Wien konnte erst im Juni 1913 mit der „Sachsen" erfolgen. Auch dort ein begeisterter Empfang bei Volk und Kaiser. Der Bürgermeister, Dr. Weißkirchner, dankte dem Grafen und sagte: Wir freuen uns des heutigen Tages als eines neuerlichen Erfolges deutschen Geistes und deutscher Kraft. Wir freuen uns auch, mit Bewunderung auf Seine Exzellenz blicken zu dürfen, den Gott begnadigte, der größte Erfinder auf diesem Gebiete zu sein. Gott süße, Gott erhalte den Grafen Zeppelin bis an die äußerste Grenze des menschlichen Lebens. Gott gebe ihm Gesundheit und Kraft, auch weiter seinem Kaiser zu dienen.

In bewegten Worten erwiderte der Graf, dieser Tag sei einer der schönsten seines Lebens, weil ihm gelungen, was er lange erstrebt: durch das Luftschiff eine neue Verbindung zwischen Deutschland und Österreich herzustellen.

NEUE ZIELE

Eine wissenschaftliche Nordlandfahrt

Im Jahre 1910 kam die deutsche arktische Zeppelinexpedition zustande, ein alter Gedanke des Grafen, der aufgrund von Überlegungen und Verhandlungen verwirklicht wurde, die im Winter 1907/08 stattgefunden hatten.

Außer dem Prinzen Heinrich und dem Grafen nahmen eine Reihe namhafter Gelehrter und Fachleute an der Expedition an Bord des Reichsdampfers „Poseidon" teil. Die Fahrt ging nach Spitzbergen, über das ein anderer Zeppelin, Max, ein Vetter unseres Grafen, an die zwanzig Jahre zuvor als Teilnehmer an der vielbelächelten „schwäbischen Polarfahrt" von 1891 lesenswerte Studien veröffentlicht hat.

Die Ursachen zur Expedition

Es ist nun einmal so, die Menschen glauben nicht, was sie nicht gesehen haben.

Wiederum waren die Zweifel an der Entwicklungsfähigkeit meiner Luftschiffe zu fernhin, auch weit über die Meere mit größter Sicherheit tragenden Fahrzeugen ziemlich allgemein geworden.

Es mussten wieder Taten kommen, um zu überzeugen ...

Graf Zeppelin

Ein Bildchen aus Spitzbergen

Ein Brief des Geheimrats Miethe berichtet über das Leben der Expeditionsteilnehmer in Spitzbergen in der Stunde nach der Abendmahlzeit:

... Ein Teil der Schiffsgesellschaft rückt zu einem warmen Disput zusammen, am anderen Esstisch tagt der Kartenspieler eifrige Runde. Auch das edle Schachspiel wird lebhaft gepflegt. Unser alter Graf Zeppelin, der „große Graf" im Gegensatz zu unserem Zoologen, dem „kleinen Grafen", und sein aeronautischer Freund und Berater sitzen häufig bei dieser schweigsamen und ernsten Beschäftigung, die oft mit einem Sieg des „starren Systems" endet.

Der Luftschiffhafen

Am 21. und 24. Juli machte Zeppelin mit Geheimrat Hergesell und dem Luftschiffkapitän Lau Ausflüge in die Buchten der Crossbai[10], um für ein künftiges Luftschiffunternehmen geeignete Stationen zu bestimmen. Am Ende der Bai fanden sie auch eine der besten Hauptstationen. Bei dieser Gelegenheit erhielt das Seental, das sie durchzogen hatten, den Namen Zeppelintal. Der See, auf dem die Verankerung der Luftschiffe vorgenommen werden soll, wurde „See vom 24. Juli" getauft. Möge, schließt Professor Hergesell seinen Bericht darüber, ein weiterer 24. Juli die Luftschiffe wirklich in die Buchten Spitzbergens fahren sehen!

---

10   Anm. des Verlags: Die „Crossbai" wird heutzutage „Ebeltofthamna" genannt und ist eine
      Bucht, die zu der norwegischen Inselgruppe Spitzbergen im Nordatlantik gehört.

Der 24. Juli in Zeppelins Leben

Der 24. Juli ist von jeher ein Gedenk- und Erinnerungstag Zeppelins gewesen. Der Graf erzählte dies, als die kleine Sonderexpedition an jenem Abend die Ereignisse des Tages durchsprach. Hergesell weist darauf hin, dass am 24. Juli 1863, als der Graf als württembergischer Generalstabsoffizier den amerikanischen Bürgerkrieg mitmachte, die Schlacht am Potomac stattfand, wo Zeppelin in einem Reitergefecht nur mit Mühe dem Tode entging. Am 24. Juli 1866 schwebte der Graf nach dem Treffen von Aschaffenburg wiederum bei einem Vorpostengefecht in Lebensgefahr und wurde nur durch einen Zufall gerettet. Und am 24. Juli 1870 unternahm er seinen berühmten Ritt ins Elsass.

NEUE KÄMPFE

Zerstörte Zeppeline

Name	Zeit	Ursache
LZ 2	16.1.1906	bei Kißlegg durch Orkan
LZ 4	5.8.1908	bei Echterdingen durch Orkan
Z 2	24.4.1909	bei Weilburg durch Orkan
Deutschland	28.6.1910	im Teutoburger Wald durch Orkan
Z 3	15.9.1910	in der Ooser Halle verbrannt
Ersatz Deutschland	16.5.1911	in Düsseldorf gegen die Halle geschleudert
Schwaben	28.6.1912	in der Düsseldorfer Halle verbrannt
LZ 8	Mitte Juni 1912	in der Friedrichshafener Halle größtenteils verbrannt
Ersatz Z 1	19.3.1913	bei Karlsruhe durch Wind
Marineluftschiff L 1	9.9.1913	in der Nordsee durch Orkan zerstört, gesunken

(*LZ*-Kreuzer im Besitz der Gesellschaft „Luftschiffbau Zeppelin";
wenn von der Militärkommission abgenommen, heißen sie *Z* oder,
wenn im Besitz der Marine, *L*.)

Die Ursache dieser Unfälle liegt teils in der Feuergefährlichkeit des
Wasserstoffgases, teils in dem Fehlen von Luftschiffhallen. Die Katastrophen traten – außer bei der „Deutschland" und dem *L 1* bzw. *L 2* –
nach gelungener Fahrt plötzlich, meist schon nach der Landung ein.
    Darum sei hier nur die Sturmfahrt der „Deutschland" näher
beschrieben, die, unglücklicherweise für die Gesellschaft, auch noch
eine Journalistenfahrt war.

Die Sturmfahrt der „Deutschland"

…Zwei Stunden lang quälte sich das Luftschiff ab, vorwärts zu kommen und Münster zu erreichen. Es wird unbehaglich in der Kajüte und
beängstigend. Der herumgereihte Sekt bleibt in den Gläsern stehen.
Die Propeller brüllen ihre surrende Melodie. Dazu pfeift der Orkan
heulend über den Leib des Kreuzers hinweg, dass das Tuch sich wild
emporbauscht. Dunkle Wolken ziehen von links und von rechts. Ein
Sonnenflimmern, das für ein paar Sekunden durchgebrochen war,
wird bald wieder durch dunkle Wolkenschwaden abgelöst. Gegen ½5
Uhr steigt und steigt das Schiff, immer höher, von 200 Meter auf 500
Meter, von 500 auf 1000, und schließlich auf 1500 Meter. Längst ist
die Erde unsichtbar geworden. Wir segeln in einem weißen Wolken-
meer, und der Dampf dringt zischend durch die offenen Fenster der
Kajüte. Pfeilschnell geht die Fahrt. Direktor Colsmann und Dr. Eckener haben die Kajüte längst verlassen und sind in die vordere Gondel
gestiegen, um zu beratschlagen. Plötzlich schellt eine Glocke in der
Kabine. Man macht die Türe auf, die von der Kabine zum Laufsteg
führt und sieht, dass Direktor Colsmann mit der Hand winkt. Drei
von den Passagieren treten aus der Kabine und tasten sich durch das

Aluminiumgeripp den Laufsteg entlang. Diese drei Mann sind notwendig, um die Balance zu halten. Mit diesem Augenblick ist die Sicherheit dahin, denn es stimmt irgendetwas nicht. Noch immer dauert die Wolkenfahrt mit kolossaler Geschwindigkeit fort. Die Minuten werden zur Ewigkeit. Mit einem Male wird die Tür aufgerissen und Direktor Colsmann stürzt ganz verstört in die Kajüte. Ihm folgen die Leute, die auf dem Laufsteg die Balance gehalten hatten. Man bestürmt Direktor Colsmann mit Fragen, die er achselzuckend mit der Bemerkung beantwortet: „Ich weiß nicht, was werden wird." Immer schneller fliegt das Schiff, und immer noch in den Wolken. Das dauert so wenige Sekunden. Plötzlich senkt sich der Ballon blitzartig auf 1250 Meter herab und zerreißt die Wolkenwand. Das Auge sieht wieder auf saftige Wiesen und auf Tannenwälder. Alles atmet auf, denn unten scheint die Sonne. Jetzt schweigen die Propeller des vorderen Motors. Die Maschine hat ausgesetzt, das Unglück war da. Schräg saust das Schiff wie auf einer schiefen Ebene hinunter. Alles wird stumm. Alle Herzen stocken, alles hält sich für verloren. Einer der Ingenieure aus der Führergondel kommt den Laufsteg entlang und stiert mit wilden Augen zur Kabine hinein. Das Schiff fällt und fällt. Im nächsten Augenblick gibt es einen furchtbaren Krach, aus allen Fugen zittert der Ballon. Aber er steht wie festgenagelt. Er ist im Teutoburger Wald havariert, die Menschen darin sind aber glücklich gerettet …

Arno Arndt im Berliner Tageblatt

Ein würdiger Schüler Zeppelins

Der tapferste Mann war der Kapitän, Oberingenieur Dürr. In Schnee und Regen hatte er treu auf seinem Posten gestanden, und als die Steuer nicht mehr gehorchen wollten, als der wilde Tanz durch die Wolken begann, und dann der Kreuzer – nachdem man allen überflüssigen Ballast über Bord geworfen hatte – förmlich auf den Kopf niederschoss, behielt er seine Ruhe. Regendurchnässt saß er mit seinen Leuten abends im Hotel zu Osnabrück. Als ich ihn fragte, ob er eine solche Schreckensfahrt schon mitgemacht, erwiderte der biedere Schwabe, ein von schwarzem Zottelbart umrahmtes Seemannsgesicht: Nein, das war das Schlimmste, was ich erlebt habe! Aber wir werden daraus lernen, wir werden die Böen schon unterkriegen! Passen Sie auf, in acht Wochen können wir wieder fahren!

Arno Arndt im Berliner Tageblatt

Ein Franzose über den Teutoburger Unfall

Es gibt in Deutschland kaum mehr Freunde des lenkbaren Zeppelins, es gibt nur noch Freunde des Grafen Zeppelin. Aber es ist erstaunlich und bemerkenswert, wie Deutschland nach jedem Missgeschick sich sofort mit gleichem Feuereifer wieder an die Arbeit macht, ohne sich entmutigen zu lassen. Wenn bei uns das gleiche passierte, würde man den Ingenieur steinigen. In Deutschland unterstützt man die Erfinder, auch wenn sie sich getäuscht haben. Das sollte uns zum Beispiel dienen.

Ingenieur Surcouf im „Pariser Journal"

Eine ähnliche Katastrophe

Die Katastrophe des Marineluftschiffes *L I* zeigte eine große Ähnlichkeit mit dem Unfall im Teutoburger Wald. Beide Male fuhr das Schiff bei schönem Wetter aber ungünstigem Barometerstand aus. Auch hier wieder erlitt der Kreuzer starken Gasverlust und eine schwere Belastung durch Regen. So geriet er in eine Böe, die ihn aus einer Höhe von hundert Metern auf die Meeresoberfläche herunterriss. Eine Stunde später hatten die Wellen ihr Zerstörungswerk getan.

Das Ausland und der Untergang des L I und L II

Dieses Mal war das Echo im Ausland bedeutend weniger ungünstig als nach dem Osnabrücker Unglück.

Die Times z.B. erklärten nach der Katastrophe in der Nordsee, dass trotz aller Zeppelinunfälle Deutschland im Luftschiffwesen in der Welt notorisch ebenso voraus sei, wie Frankreich auf dem Gebiet der Flugmaschinen.

Nach der Vernichtung des *L II* schrieben die „Münchener Neuesten Nachrichten":

„… Die englische Presse gibt in würdevoller, herzlicher Weise ihren Sympathien für das deutsche Volk … Ausdruck. Genauso wie beim Untergang des Marineluftschiffes bei Helgoland hat auch die neue furchtbare Katastrophe in Paris aufrichtiges Mitleid hervorgerufen …"

„Unentwegt glaubensfrohe Weiterarbeit"

Seinen Nachruf für die Opfer der Katastrophe des *L II* schloss Zeppelin mit den Worten:

Ich weiß, dass alle Angehörigen des Luftschiffbaus Zeppelin meinen Schmerz um die Kameraden … von Herzen teilen, aber auch mit mir entschlossen sind, das Andenken dieser Getreuen am höchsten zu ehren, indem wir durch u n e n t w e g t g l a u b e n s f r o h e W e i t e r a r b e i t n o c h g r ö ß e r e S i c h e r h e i t f ü r u n s e r e L u f t s c h i f f e s c h a f f e n , damit die Todesopfer der einzelnen für viele zur Bewahrung des Lebens werden.

Gelungene Fahrten

Graf Zeppelin hat sich nicht „getäuscht", wie Surcouf damals Ende Juni 1910 meinte. Ein einzelner Unglücksfall erregt natürlich mehr Aufsehen als tausend gelungene Fahrten. Da ist es doch angebracht, auf die Erfolge des Systems hinzuweisen.

Die „Schwaben", die von Zeppelin selbst in 5¼ Stunden nach Luzern und zurück gesteuert wurde, hat im Jahr 1911 mehr als 200 glückliche Fahrten zurückgelegt, auf denen sie ganz Deutschland besuchte.

Und die „Viktoria Luise" machte in etwa sieben Monaten des Jahres 1912 auf 183 Fahrten im Ganzen 25.681 Kilometer. Sie war 457 Stunden in den Lüften und hat fast 4000 Personen die Wunder solcher Luftreisen kosten lassen.

Zeppelin am Steuer

Auch das Vertrauen der Militärbehörden hat sich der Graf in den Jahren 1911 und 1912 endgültig erobert. Er ließ es sich nicht nehmen, bei den wichtigsten Fahrten trotz Wind und Kälte selbst das Steuer zu führen.

LZ IX machte unter seiner Führung im Oktober 1911 eine Zwanzigstundenfahrt;

die „Hansa", die Anfang August von Friedrichshafen nach Hamburg gefahren war, steuerte er nach Helgoland zur Flottenparade;

mit *Z III* fuhr er Ende Mai 1912 (700 Kilometer!) in 10½ Stunden von Friedrichshafen nach Hamburg;

und auch das Marineluftschiff *L I* erwarb sich unter seiner Leitung die uneingeschränkte Anerkennung der Militärverwaltung.

Zeppelin und Bismarck

Im Silberhaare steuert er,
Dem Föhn an Schnelle gleich,
In einer Nacht vom Fels zum Meer –
Das war ein Schwabenstreich!
Ich muss heut denken immerzu,
Indes das Herz mir bebt:
Wenn doch der Alte von Friedrichsruh
Noch diesen Tag erlebt!
Junge, du hast ihn nicht mehr gekannt;
Ich aber, ich kannte ihn.
Das wär' eine Gruppe! Hand in Hand
Bismarck und Zeppelin!

E. W. H. in der „Straßburger Post" 1912

UNSERES ZEPPELINS WESEN

DER MENSCH

Der Graf ist kein Zirkusreiter

Im Herbst 1907 bestürmten ihn einige Journalisten um Informationen. Zeppelin blieb fest in seiner Zurückhaltung. Und als sie sich damit nicht zufriedengeben wollten, erklärte der vornehme Mann, dem alle Reklame für seine eigene Person unangenehm ist: Ich bin kein Zirkusreiter und mache meine Versuche für mich selbst!

Auch ein „Witz"

Im Physikunterricht einer Leipziger Bezirksschule war vom lenkbaren Luftschiff und seinem Erfinder die Rede. Es wird gefragt, wie man einen Mann nennt, der, wie Graf Zeppelin, ohne auf seinen Nutzen bedacht zu sein, hartnäckig sein Ziel verfolgt, worauf prompt die Antwort erfolgt: „Das ist ein Nichtsnutz!" Der Lehrer glaubte, mit diesem originellen und diesmal wirklich wahren Schulwitz dem Erfinder eine Freude machen zu können.

Das ist gelungen. Eine am 1. Juli aus Friedrichshafen abgesandte Ansichtspostkarte: „Das Luftschiff des Grafen Zeppelin bei seiner Landung" trägt in markigen Schriftzügen die Worte: Der „Nichtsnutz" dankt bestens für die freundliche Mitteilung der komischen Antwort.

Leipziger Lehrerzeitung

Des Grafen Humor

Dass der Graf Humor hat, könnte man allein aus seinen Zügen schon ablesen, wenn es nicht durch manche Äußerung bezeugt wäre.

Eine der nettesten tat er bei Gelegenheit eines Banketts. In vorgerückter Stunde sprach einer der Redner auch den Wunsch aus, es möge ihm gelingen, auch noch das Sonnensystem zu erforschen und vom Mars, Jupiter und Saturn Kunde zu bringen.

Da antwortete der Graf mit launigen Worten und erklärte bedauernd, der Saturn sei etwas unbequem, man könne nicht an ihn heranfahren, weil er einen Ring habe.

Er ist 70 Jahre jung

Am 18. Juli 1908 erschienen über 700 Tübinger Professoren und Studenten in Friedrichshafen, um dem Grafen ihre Huldigung darzubringen.

In seiner Ansprache sagte der Rektor der Universität, Professor Dr. Garbe, unter anderem:

Kürzlich erfuhren wir aus den Zeitungen, dass Eure Exzellenz 70 Jahre alt geworden seien, aber diese Nachricht war falsch. Eure Exzellenz sind nicht 70 Jahre alt, sondern 70 Jahre jung.

Ein Sprung zum Fenster hinaus

Seinen 75. Geburtstag verbrachte der Graf inmitten seiner Mitarbeiter und Freunde, die er alle in ein Waldhause eingeladen hatte. Auf seinen besonderen Wunsch sollten dabei keine offiziellen Ansprachen gehalten werden. Aber es ließ sich doch nicht vermeiden, dass der oder jener – nun eben nicht offiziell – ans Glas klopfte und sich erhob, um den Jubilar hochleben zu lassen.

Als Zeppelin sah, dass alles Abwehren nichts nützte, entzog er sich den Ovationen, indem er wie ein Junger kurzweg zum Fenster hinaussprang.

Er mag nicht nach Frankfurt

Nach dem außerordentlich festlichen Empfang, der dem Grafen im Sommer 1909 in Frankfurt a.M. zuteilgeworden war, ließ er einmal die

Bemerkung fallen, dass er nicht gern nach Frankfurt gehe. Man fragte ihn erstaunt nach dem Grund zu dieser Abneigung. Da antwortete er: Weil die Frankfurter zu viel Wesens aus meiner Person machen!

Nur keine Feste!

Nach seinem 75. Geburtstag erklärte Zeppelin, wenn er gewusst hätte, was für ein Fest man aus seinem Geburtstag mache, dann würde er feierlich versprochen haben, achtzig Jahre alt zu werden.

Er ist eine „durchaus ängstliche Natur"

Ich will mich Ihnen zeigen, als der, der ich bin, nicht als der, zu dem mich eine begeisterte Stimmung über das hinaus, was Gott mir gelingen ließ, stempeln möchte. Lassen Sie mich nur von der mir zugesprochenen Entschlossenheit des Mutes sprechen. Ich bin eine durchaus ängstliche Natur, ich würde z.B. niemals mit einem Luftschiff gefahren sein, noch viel weniger jemand dazu verleitet haben, wenn mich nicht die feste, auf genaueste Sachkenntnis gegründete Überzeugung beseelt hätte, dass das eine ungefährliche Sache ist. Freilich, eine gewisse Dreistigkeit geht mir leider nicht ab. Mit dieser habe ich es gewagt, trotzdem vor einigen Tagen wiederum eines meiner Luftschiffe Havarie erlitt, meine Zusage, in Baden-Baden zu erscheinen, dennoch aufrecht zu erhalten. Man stelle sich nun vor, mein Luftschiff wurde erwartet, zur Freude aller sollte es wieder seine Kreise ziehen über dem herrlichen Tal – und nun komme ich allein, der Trabant ohne die Sonne!

Rede des Grafen beim Festmahl der Stadt Wiesbaden

Der erste Eindruck vom Grafen

Der erste Eindruck, dem sich wohl ein jeder, der den Grafen kennen lernt, nicht entziehen kann, ist der eines vornehmen, selbstlosen und gegen jeden ohne Unterschied liebenswürdigen Mannes, dessen Bescheidenheit nur von seiner geistigen Bedeutung übertroffen wird. Dabei ist er trotz seines hohen Alters von einer körperlichen Elastizität und einer geistigen Spannkraft, die für einen Siebziger geradezu erstaunlich ist.

Generalmajor a. D. S. v. Zepelin

Eine einfache, großzügige Natur

Wenn man den Grafen Zeppelin kennen lernt, wie ich ihn kennen lernte, dann erst kann man begreifen, dass dieser Mann, der so oft niedergebrochen ist, nie erschlagen werden konnte. Er übt eine souveräne Festigkeit allen Ereignissen gegenüber aus, die ihn treffen können. Und was sein Schuss war gegen die Finsternis, die ihn doch so manchmal umfangen hat, das ist auch sein Schuss gegen das Licht, das ihn mit seinem Glanze blenden könnte. Der Graf ist keine komplizierte Natur. Aber dafür ist jeder Zug, den er hat, groß; jeder Gedanke wiederum, den er entwickelt, durch eben diese Größe einfach. Und es mag besonders betont werden: nichts ist gesucht an ihm; auch seine Einfachheit ist ohne Pose.

Emil Sandt

Seine Vornehmheit

Graf Ferdinand von Zeppelin gehört zu den seltenen Menschen, auf die das Wort: kein Mensch ist groß vor seinem Kammerdiener! in diesem absoluten Sinn nicht zutreffend ist. Er gehört zu denen, die den Nimbus, den Stand oder Rang oder ihre Verdienste um sie breiten, in ihrem Heim abstreifen, dafür aber in der Größe ihrer rein menschlichen Eigenschaften umso mehr hervortreten und zur Anerkennung und Verehrung zwingen.

Generalmajor a. D. S. v. Zepelin

Der Deutsche Zeppelin

Für die außerordentliche Auszeichnung, welche die Landesuniversität durch ihr Erscheinen ihrem jüngsten Doktor von neunundneunzig

Semestern erweist, spreche ich aus vollem, bewegtem Herzen innigsten Dank aus. Meine Freude hat sich frei gerungen von dem bedrückenden Gedanken, dass alle diese Ehrungen einer weitgehenden Überschätzung meiner Leistungen entspringen. Gründet sich mein Tun doch nur auf die exakten Wissenschaften und bedurfte es nicht der hohen Geistesarbeit philosophischer Spekulation. Ich brauchte mir nicht Überzeugung und Glauben zu suchen, sondern Rechnung, Logik und Versuche reihten eine Gewissheit an die andere. Und wenn man die Gewissheit hat, dass man zum Ziel gelangen kann, dann ist es kein Verdienst mehr, auch zu dem Weg zu gelangen. So habe ich das volle Bewusstsein, dass die Begeisterung, die mir von Ihnen und aus allen deutschen Gauen entgegengebracht wird, nicht auf einer Überzeugung meiner Leistungen beruht, sondern dem Werkzeug gilt, das berufen war, etwas zu schaffen, wonach die ganze Welt sich lang gesehnt hat. Ich kann mich diesem beglückenden Gefühl mit Dank hingeben; denn es gibt mir die Zuversicht, dass das Instrument, das ich schaffen durfte, aufgefasst und ausgenutzt wird zum Segen und zum Vorteil des Deutschen Reiches.

Rede des Grafen Zeppelin beim Kommers der Tübinger Studentenschaft in Friedrichshafen

Die treuesten seiner Getreuen

Zeppelin hat es oft ausgesprochen, dass er sein Werk nie hätte vollenden können, wenn er nicht in seiner Familie den Rückhalt und die Aufmunterung gefunden haben würde, die ihm in seinem Kampf gegen die ganze Welt nötig waren.

Man braucht sich nur jener Zeit seines Lebens zu erinnern, wo man ihn den „verrückten Grafen" nannte, um zu erfassen, was diese Frauen –die Gattin und die im zehnten Jahr der Ehe geborene Tochter – haben ausstehen müssen: wie man den Gatten und Vater verspottete, seine Pläne ablehnte …

Und dann: das Werk raubte der Familie mehr und mehr ihr Haupt, ließ ihm keine Zeit mehr zum gemütlichen Leben zu Hause, und stellte selbst unersättliche Anforderungen an die gewohnte Behaglichkeit des Lebens. Dass die Diener entlassen, die Equipage verkauft werden mussten, war noch das geringste der Übel. Aber wie düster und ungewiss sah die Zukunft aus, nachdem der größte Teil des Vermögens durch die kostspieligen Versuche verschlungen war und mehr als einmal das ganze Werk vor dem sicheren Zusammenbruch zu stehen schien!

Graf Zeppelins Geschwister

Freud und Leid des Grafen haben zeitlebens auch seine beiden Geschwister getragen.

Die Gräfin Eugenie verheiratete sich mit dem Freiherrn W. von Gemmingen-Guttenberg und verkehrte in Stuttgart, wo Graf Zeppelin seit langem eine Villa besitzt, bis zu ihrem vor wenigen Jahren erfolgten Hinscheiden, viel im Hause ihres Bruders.

Der Graf Eberhard ist schon im Jahre 1906 gestorben – ganz kurze Zeit, nachdem er noch die Freude erlebt hatte, von seinem Leidenslager in Konstanz aus das Luftschiff seines Bruders bei einer seiner wohlgelungenen Probefahrten im Oktober 1906 an seinem Fenster vorüberfahren zu sehen. Er war erst im württembergischen Staatsdienst, in Wien und Florenz, tätig und lebte dann seinen Studien zu Ebersberg, nicht weit von Gyrsberg. Für seine wissenschaftlichen Verdienste um „die Erforschung der Natur und Geschichte des Bodensees" ernannte ihn die Tübinger Universität zum Ehrendoktor.

Zu Gyrsberg

Auf seinem Gut Gyrsberg ist der Graf eigentlich nur zu Gast. Den Sonntag pflegt er dort nach der arbeitsreichen Woche im Familienkreis zu verbringen. Auch dort bewährt sich seine gewinnende Liebenswürdigkeit.

Der Pächter von Gyrsberg

Als Graf Zeppelin noch ein Knabe war, stellte sein Vater einen jungen Landwirt zur Verwaltung von Gyrsberg an. Mehr als fünfzig Jahre hat dieser tüchtige Mensch im Dienste des Grafen gestanden. Und es hatte sich ein rührend freundschaftliches Verhältnis zwischen den beiden herausgebildet.

Als vor etwa einem Dutzend Jahren der treue Mann erkrankte, sorgte die gräfliche Familie für ihn wie für ein Mitglied der Familie selbst. Und als sie verreiste, überließ sie den Kranken der Obhut eines kundigen Wärters. Dann starb der Alte. Die Familie Zeppelin kam zu seinem Begräbnis nach Gyrsberg gefahren, und der Graf geleitete den Sarg zu Fuß zum fernen Friedhofe.

DER ARBEITER

Geburtstagsfahrt

Zu Zeppelins 75. Geburtstag war gerade sein zwanzigstes Luftschiff fertiggestellt worden. Um 11 Uhr vormittags des 8. Juli 1913 begab sich der Graf in Gesellschaft seiner Tochter, der Gräfin Hella Brandenstein-Zeppelin, und ihres Gemahls, sowie seines alten Mitarbeiters Dürr an Bord des Schiffes und führte es zu einer halbstündigen Probefahrt in die Lüfte. Unten stand aber Kopf an Kopf die begeisterte Volksmenge und sang das „Deutschland, Deutschland über alles."

Wo der Graf seine Feste feiert

Dieser Aufstieg an seinem Geburtstag ist in vieler Hinsicht ein Symbol. So viele Feste Zeppelin auch hat mitmachen müssen, er ist kein Freund der Feste, sondern ein rastloser Arbeiter, und seine Feste feiert er am Schreibtisch, in der Werft, wie am Steuer seiner Schiffe. Den Nachmittag jenes 8. Juli verbrachte er inmitten seiner Mitarbeiter, den Abend bei seinen treuesten Mitkämpfern, bei Frau und Tochter.

Seine „Erholung"

Erholungsreisen, die jeden geistigen Arbeiter unerlässlich dünken, kennt dieser unermüdliche Mann trotz seines hohen Alters nicht. Er reist viel, aber nur für sein Werk, und auf diesen Reisen arbeitet er ebenso fleißig wie zu Hause, wenn er sie nicht, wie er es möglichst tut, auf die Nachtzeit verlegt.

Als der Graf einmal zwei Tage auf seinem Gute zubrachte, einen Sonntag und einen Montag, freute er sich über die Ruhe. Aber er verwandte sie nicht zum gemütlichen Ausspannen, sondern zu einer ganz anderen Beschäftigung.

O, hier habe ich schön Ruhe und Zeit, sagte er, um meine Arbeit zu schreiben!

Sein Arbeitszimmer

In Friedrichshafen hat Zeppelin in einem Flügel des Kurgartenhotels[11] eine abgeschlossene Flucht von Zimmern gemietet. Hier ist seine Hauptarbeitsstätte. Sie ist nicht weitläufig, aber behaglich eingerichtet.

Sein Arbeitszimmer ist mit einfachen modernen Möbeln versehen und enthält nur das Notwendigste. Ein Besucher hat es mit der Kabine eines großen Ozeandampfers verglichen.

Als Wandschmuck enthält es gewidmete Bilder seiner Luftschiffe, Dekrete, Ehrenbürgerurkunden, aber auch Karikaturen, und auch sonst fehlt nicht allerlei Lustiges, wie es im Laufe der Jahre hervorgebracht wurde, so der Graf zu allerlei nützlichen Zwecken wie als Nussknacker, Zigarrenabschneider zur Verwendung gebracht.

Ein Bildchen aus der Luftwerft

Es war am 28. September 1912, als wir nach ernster Beratung einer Gesellschaftsversammlung in die Halle traten, Eure Exzellenz, Baron

---

11   Anm. des Verlags: Heute das Graf-Zeppelin-Haus.

Gemmingen, Baron Bassus, Herr Uhland und der Direktor des Luftschiffbaus Zeppelin. Das 14. Luftschiff Eurer Exzellenz, das Marineluftschiff *L I*, lag darin noch ungefüllt.

Es war Samstagnachmittag, wenige Arbeiter waren im Schiff beschäftigt, letzte Hand anzulegen. Das Licht eines sonnigen Herbsttages flutete durch den Raum.

Wir traten auf das Baugerüst zu den Steuerflächen; Eure Exzellenz voran kletterten wir in das hintere Ende des Laufgangs; dort standen wir, Eure Exzellenz gelehnt an einen der Träger, versunken in den wunderbaren Anblick, der sich bot. Das mehrfach gebrochene Sonnenlicht flimmerte in eigentümlichem Glanz in dem Riesenrohre des umhüllten Luftschiffkörpers, es gab dem Rund etwas Feierliches, dem Licht alter Kirchen vergleichbar.

Ins Unendliche schien sich der Raum auszudehnen. Weit in der Ferne schwebten, in verschwommenen Umrissen, wie wesenlos im Weltraume, Gestalten, von denen man nicht sah, woran sie sich hielten, es waren Arbeiter, welche die letzten Drähte verspannten. Lange standen wir dort. Für uns war es eine Feierstunde, für Eure Exzellenz gewiss ein lichter Fernblick auf dem oft umschatteten Wege zum Ziele.

Wir sprachen dann von der Durchbildung des Gerippes, das bis in alle Einzelheiten nun vollendet ist; als wir uns abwandten, sagten Eure Exzellenz in bekannter Bescheidenheit: Wie wenig Teil habe ich doch an dieser Arbeit. Uns aber fiel dabei ein Wort ein aus Goethes Faust:

Dass sich das größte Werk vollende,
Genügt ein Geist für tausend Hände.

Luftschiffbau Zeppelin GmbH in „Festgabe zu Zeppelins 75. Geburtstag"

Zeppelin und seine Mitarbeiter

Zeppelin hat bei jeder Gelegenheit auf den Wert seiner Mitarbeiter hingewiesen und sein eigenes Verdienst zugunsten des ihren immer nur zu niedrig angeschlagen. Unter seinen Mitarbeitern versteht er die Arbeiter ebenso wie die Ingenieure. Und bezeichnend ist seine Antwort bei einer festlichen Gelegenheit, als die Arbeiter den Wunsch aussprachen, dass es ihm noch lange wohl ergehen möge. Er erwiderte darauf:

Mir geht es gut, wenn es nur Ihnen gut geht!

Mein eigenes Verdienst besteht nur darin, dass ich die richtigen Gelehrten und die geeignetsten Arbeiter in den Dienst meiner Sache gestellt und es verstanden habe, sie zu einheitlichem Schaffen zusammenzuhalten.

Graf Zeppelin

Er bezahlt nicht mit Worten

Die Anerkennung des Grafen für seine Leute drückt sich auch in sehr greifbarer Weise aus. Dem Essen in Immenstaad war ein Ausflug mit Militärmusik vorausgegangen. Zeppelin trug die ganzen Kosten des Festes und zahlte dem gesamten Personal, das daran teilnahm und dem so sein üblicher Verdienst entgangen wäre, den Lohn für zehn Arbeitsstunden aus.

Herr und Arbeiter

Trotzdem es viele hundert Leute sind, die in seinen Diensten stehen, sind es ihm keine Nummern, sondern Menschen, für die er sich interessiert. Einmal starb einer von ihnen in seinem Heimatdorf. Es war zu einer Zeit, da Zeppelin durch Arbeit stark belastet war. Er ließ es sich doch nicht nehmen, in den fernen Ort zu reisen, um seinem früheren Mitarbeiter das letzte Geleite zu geben.

Die Schulung seines Personals

Als alter Soldat hat der Graf sein Personal in militärischer Art eingeschult. Der Vertreter des Reichsmarineamtes, der es während seiner Anwesenheit in Friedrichshafen kennen lernte, sprach sich sehr anerkennend darüber aus: es habe durch seine gute Ausbildung und Disziplin einen vortrefflichen Eindruck auf ihn gemacht.

DER VOLKSLIEBLING IM WELTKRIEGE

Ein Kriegslied aus dem Volke

Hoch, Deutsches Reich! Hoch Österreich!
Wir halten treu zusammen
Zu Land, zu Wasser, in der Luft,
Und stünd' die Welt in Flammen.
Ein Ruf vor allem schallet laut
Her von Berlin bis Wien:
„Gott schütz den Führer in der Luft,
Den Grafen Zeppelin!"

Du Fischer auf dem Inselland
Möcht'st alle Länder kapern,
Nimm dich in Acht! Von oben her
Wird's dabei etwas hapern.
Horch auf den Ruf, der laut erschallt
Her von Berlin bis Wien:
„Gott schütz den Führer in der Luft,
Den Grafen Zeppelin!"

Das Belgier- und Franzosenheer
Zurück stets mussten weichen,
Weil unser Luftgeschwader sie
Weitschauend konnt' beschleichen.
Drum: „Gott erhalt' ihn lang gesund",
Schallt's von Berlin bis Wien,
„Den greisen Führer in der Luft,
Den Grafen Zeppelin!"

Der Lügenzar im Russenreich
Tauft schnell die Städte um,
Er denkt, dann finden wir sie nicht,
Gott, ist der Mensch doch dumm!
Erzitt're Zar! Ein laut Gebet
Geht von Berlin bis Wien,

„Gott schirm' den Führer in der Luft,
Den Grafen Zeppelin!"

Max Broich, Fleischermeister, Düsseldorf

WETTERLEUCHTEN

Graf Zeppelins Friedensliebe

Beim Kommers der Tübinger Studentenschaft zu Friedrichshafen im
Juli 1908 sprach er sich über die Zukunft seines Unternehmens in folgender Weise aus:

Die Wissenschaft wird sich der Sache annehmen, die Technik wird
die nötige Vervollkommnung herbeiführen, die Naturwissenschaft
wird die Gesetze, welche die Leistungen bedingen, klarlegen, die Erd-
und Völkerkunde wird das Instrument, das ihr ganz besonders zu stat-
ten kommt, ausnutzen, die Volkswirtschaft wird zunächst zeigen, wie
das deutsche Kapital ungesäumt zuzugreifen hat, um den Vorteil auszunutzen, der darin liegt, dass wir das erste wirklich brauchbare Fahrzeug besitzen. Die Rechtswissenschaft wird die Vorschriften und die
internationalen Verträge finden – j a w o h l , meine Herren, l a c h e n
S i e n u r – wie die Luftschifffahrt zu w e i t e r e n V e r b i n d u n -
g e n u n d z u m f r i e d l i c h e n V e r k e h r d e r V ö l k e r sich
ausbilden lässt. So habe ich denn die herrliche Aussicht, dass das
Unternehmen, das ich begonnen habe, sich weiter ausbauen wird,
zum Segen des deutschen Volkes.

Am gleichen Tage sagte Zeppelin in seiner Antwort auf die Ansprache des Tübinger Rektors, seine Verdienste würden hier zu hoch ver-
anschlagt. Er sei sozusagen nur der blinde Ausführer dessen, was ihm
die Vorsehung aufgetragen habe. Er fühle sich nur als das Werkzeug,
und wenn er gerade auf das verfallen sei, was der Menschheit zum
Frieden gereiche, so sei er eben nur ein ausführendes Organ der Vorsehung gewesen, die ihn dazu getrieben habe, dieses Werk anzugreifen.

146

Der Graf und sein ehemaliger Feind

Bei dem kühnen Patrouillenritt im Jahr 1870 befand sich unter den französischen Lanciers, die ihm mit der Waffe in der Hand entgegentraten, auch ein gewisser Köhler aus Einville[12] bei Nancy.

Mit diesem alten Mann unterhält der Graf schon seit langen Jahren freundschaftliche Beziehungen. Zum 70. Geburtstag des Grafen sandte der Achtzigjährige einen Glückwunsch, den Zeppelin mit einem herzlichen Dankschreiben erwiderte.

Der alte Soldat

Trotz seines friedlichen Naturells ist aber der Graf immer ein strammer Soldat geblieben. Bei den Kaisermanövern im Herbst 1912 hielt er nicht weniger als zehn Stunden im Sattel aus.

Und bei der Cannstatter Kaiserparade drei Jahre zuvor antwortete er auf die Begrüßung des Obersts in seinem Regiment „König Karl" mit den jugendmutigen Worten:

Wenn wir zum Angriff rücken, da muss jeder sein Herz vorauswerfen!

Beim Bankett zu seinem 75. Geburtstag erklärte der Jubilar unter dem Jubel der Teilnehmer, wenn das Vaterland in Gefahr sei, wolle er sich noch zum Fliegeroffizier ausbilden.

Die Gespensterluftschiffe in England

Das erste Aufflackern des großen Weltbrandes ist wenigstens im Westen auch mit dem Namen Zeppelin verknüpft.

Im März 1913 wurde England von der Angst vor den bekannten Gespensterluftschiffen erfasst.

Unsere Witzblätter hatten einen dankbaren Stoff gefunden. Sie nahmen die Geschichte wenig tragisch und mit der Ruhe jener zwei Seeleute auf, die sich, wenn es wahr ist, so darüber unterhielten:

---

12   Anm. des Verlags: Hiermit ist das heutige Einville-au-Jard gemeint.

– Ick möt wohl girn'n Engländer wesen!
– – Worüm denn?
– Weil sie egal besopen sünd!
– – Was? Worüm denn?
– De Kirls, die sehn ja in einem fort Zeppelins in der Luft!

Die unglückselige Landung in Lunéville gab der Angst in England neue Nahrung: am 9. April 1913 meldet der „Matin" aus London:
Gestern herrschte in Cardiff große Aufregung. Die ganze Bevölkerung war auf den Beinen. Abends 9 Uhr bemerkte man in großer Höhe ein mächtiges Licht, das sich mit einer Geschwindigkeit von 100 bis 120 Kilometer bewegte. Man weiß zwar nicht, was das Licht bedeutete, nimmt aber mit Bestimmtheit an, dass man es mit einem deutschen Lenkballon zu tun hat.

Ein prophetischer Aprilscherz

Im Jahre 1913 brachte ein Lokalblatt in Reims am 1. April die Nachricht, es sei ein deutscher Luftkreuzer in der Nähe der Stadt gelandet. Die Aufregung, die dieser Aprilscherz in Reims hervorbrachte, war so groß, dass gegen den Urheber Anzeige wegen groben Unfugs erstattet wurde.
Dieser Scherz wurde allenthalben bekannt. Als daher am 3. April in Straßburg gemeldet wurde, dass ein Zeppelinluftschiff bei Lunéville gelandet sei, wollte es niemand glauben, und erst als die Meldung von Berlin aus bestätigt wurde, konnte kein Zweifel mehr übrig bleiben, dass sich jene Prophezeiung wirklich erfüllt hatte.

Die Landung in Lunéville

Das am 3. April 1913 abgetriebene und auf dem Exerzierplatz in Lunéville gelandete Zeppelinluftschiff, das zwar vom Reiche noch nicht übernommen war, aber die militärische Abnahmekommission an Bord hatte, fand dort nicht gerade eine freundliche Aufnahme.
Es musste durch französisches Militär vor dem erregten Volk geschützt werden. Die Menge machte ihren Gefühlen durch zahlreiche Bleistiftnotizen an den Gondeln Luft.

Die Erregung ist nicht bloß durch den Chauvinismus der französischen Lothringer zu erklären. Es war daran vielleicht mehr der sichere Volksinstinkt schuld, dass in dieser Erfindung sich gerade die Züge des deutschen Volkscharakters verkörperten, die auf friedlichem Wege die Eroberung der Welt angetreten haben.

Als das Luftschiff in Lunéville lag, erschienen einige französische Flugzeuge und ließen sich in halsbrecherischem Gleitflug dicht neben dem Koloss herab. Die französischen Blätter jener Tage können nicht genug die sichere Beweglichkeit der Aeroplane rühmen, wie sie neben dem hilflosen Luftkreuzer sich offenbarte. Trotzdem aber kamen französische und englische Fachleute, um das Zeppelinsystem bis ins Einzelste an dem gelandeten Schiff zu studieren. Nachgemacht haben sie es trotzdem freilich nicht!

Am 3. Juni 1913 brach in Paris abermals eine Panik aus, als gemeldet wurde, dass in Lunéville von neuem ein Zeppelin gelandet, dieses Mal aber zerstört worden sei. Das Publikum eilte auf die Banken, um seine Guthaben zu holen, und es spielten sich ähnliche Szenen ab, wie ein Jahr später, als der Krieg wirklich ausgebrochen war.

UNSERE ZEPPELINE

Der Sturm brach los ... Wir alle haben es erlebt, welche Begeisterung durch das ganze Volk brauste, als die ersten Taten der Zeppeline bekannt wurden. Die großen Mörser, die Unterseeboote und die Zeppeline – es waren keine Maschinen mehr, sondern lebende Symbole unermüdlicher Arbeit, des Besten, was das deutsche Volk an Vorzügen und Leistungen sein Eigen nennen darf.

Man braucht nur die einfachen Leute zu hören was sie für Wunder von den Zeppelinen zu berichten wussten und erwarteten. Und die Zeppeline haben in dem ungeheuren Kriege auch Wunder verrichtet.

Wunder im Felde über Feindesland, und vielleicht noch weit erstaunlichere und mächtigere Wunder im Herzen der Feldgrauen, in der Seele des ganzen Volkes.

Der Graf Zeppelin selbst hat nicht mehr als Kämpfer hinausziehen können ins Feld. Er hat sein altes Regiment dort aufgesucht und dabei kein Hehl aus seinem Bedauern gemacht, dass ihm sein Alter verbietet, wie einst an der Spitze der selbst geschulten Truppe ins Feld zu ziehen. Das ist ein Gefühl, dem er keins gleichstellt, ein Gefühl, das auch die Beherrschung des vollendetsten Werkes nicht geben kann. Aber er ist froh, dem Vaterlande Dienste leisten zu können, und was an ihm liegt, ist geschehen.

Abzählreim der Kinder am Rhein

Zeppelin, flieg,
Hilf uns im Krieg.
Fliege nach Engeland,
Engeland wird abgebrannt,
Zeppelin, flieg!

Liller Kriegszeitung

Zeppelin hilf!

Zu Beginn des Krieges wurden Deutsche und Österreicher, die sich nicht mehr rechtzeitig in Sicherheit bringen konnten, auch in Lüttich gefangen genommen. Einer von ihnen hat folgende Geschichte erzählt:

Es verging eine Schreckensnacht. Alle rechneten damit, dass ihnen der nächste Tag den Tod bringen würde. Durch dichte Nebel dämmerte der Morgen herauf. Da, als die Sonne aufstieg, sah man im Osten ein Luftschiff auftauchen, das die Deutschen an seinen Umrissen als einen Zeppelin erkannten. Es erschien den Bedauernswerten als ein Retter vom Himmel. Alles schrie und weinte, die Männer und Kinder fielen in die Knie, weinend und betend rief alles: Zeppelin, Zeppelin, Hilfe!

Dieses Luftschiff – offenbar der in Köln stationierte Z 6 – war gleichsam der Bote ihrer Rettung: bald darauf wurden die Gefangenen durch deutsche Kavallerie befreit.

Grazer Tagespost

Zeppelinbegeisterung eines Neunjährigen

Wer ist es, der die Luft bezwang?
Wer ist der greise Held?
Gepriesen von der Deutschen Sang,
Gepriesen von der Welt?
Zeppelin!

Wer ist's, der in den Lüften schwebt,
So stolz und ohne Scheu,
Dass alle Welt in Angst erbebt
Vor dem gewalt'gen Weih?
Zeppelin!

Hoch oben fliegt der große Aar,
Das deutsche Wappenbild;
Hoch aus der Luft, so hell und klar
Schickt seine Grüße wild
Zeppelin!

Ein neunjähriger Schüler, Chemnitzer Tageblatt

Hurra Zeppelin!

Ein Schmarrn ist das mit den Zeppelinen! hatte er damals nach dem Unglück bei Echterdingen gesagt. Eine Spielerei! Weiter nix! Wir könnten, weiß Gott, unser Geld für was Gescheiteres ausgeben!

Und so oft unseren Luftschiffen ein neues Missgeschick passierte, wiederholte er: Eine Spielerei! Ein Schmarrn!

Nun lag er auf dem belgischen Boden, und das Blut floss aus seiner Brustwunde.

Wo mochten seine Kameraden sein? Ob es ihnen gelingen würde, Lüttich zu nehmen?

Vor zwei Stunden noch hatte er eine Karte heimwärts geschrieben: Bin wohl und munter. Stimmung großartig …

151

Er presste die Hand gegen die Wunde. Vergebliche Mühe. –
Verdammt, gleich im Anfang des Feldzugs fallen zu müssen!

Eine Zeitlang hatte er noch fernen Geschützdonner gehört … jetzt war alles still …

Ein schlimmes Zeichen. – Mein Gott, wenn dieser Krieg nur gut ausgeht! Es fehlt ja nicht an Begeisterung … aber gegen drei Fronten … Wie viele mochten jetzt schon gleich ihm …

Schüttelfrost packte ihn. – Ob sie ihn bald finden würden? Auf allen Vieren fortkriechen! … aber wohin? … Wenn sie jetzt zurückkämen … geschlagen … auf der Flucht!

Er ächzte bitter. – Wenn mich Mama so sähe …

– – – Nun lag er auf dem Rüden, bewegungslos. Starrte mit brechenden Augen in die Wolken. Konnte die Arme nicht mehr heben.

Wenn wir den Krieg verlören …

Da – ein Sonnenstrahl durch die Wolken – ein Flimmern – sind es Todesfantasien?

Groß und mächtig schwebt es daher – in silbernem Glanz – in majestätischer Ruhe – eine himmlische Siegesverheißung.

Mit letzter Kraft richtet sich der Sterbende auf – neue Stärke durchrieselt seine Arme – er hebt sie dem Wunder entgegen, das näher und näher schwebt, in unbeirrbarer Größe … er öffnet mühsam den Mund … zu einem Dankschrei: Hurra, Zeppelin!

Aber nur ein unartikulierter Laut dringt hervor, – Blut rinnt aus seinem Munde – sein Haupt sinkt zurück.

Und ferne, ferne verklingt das Rattern der Propeller.

Karl Ettlinger in der Münchner „Jugend"

ERSTE TATEN UND WIRKUNGEN

Z 6 bei Lüttich

Der „Z 6" ist Donnerstag früh – den 6. August – um 3½ Uhr von einer Kreuzfahrt aus Belgien zurückgekehrt. Von seiner erfolgreichen Fahrt erfahren wir zuverlässig folgendes: Das Luftschiff hat sich an dem bei Lüttich entsponnenen Kampfe in hervorragender Weise beteiligt und konnte sehr wirksam eingreifen. Aus einer Höhe von 600 Meter wurde die erste Bombe geworfen. Es war ein Versager. Darauf ging das Luftschiff bis auf 300 Meter hinunter und schleuderte weitere 12 Bomben, die sämtlich sofort explodierten. Infolgedessen steht die Stadt Lüttich an mehreren Stellen in Flammen. Die sämtlichen Bomben hat ein Unteroffizier der Besatzung aus der hinteren Gondel geworfen. Derselbe war nach der Landung des Luftschiffes unter den tausenden Zuschauern Gegenstand der begeistertsten Ovationen.

Kölnische Volkszeitung

Über Lunéville

F r a n k f u r t a.M., 6. Aug. (Telegramm.) Nach einer der Frankfurter Zeitung aus Newyork[13] zugegangenen Meldung soll ein deutsches Luftschiff über Lunéville Bomben geworfen und 15 Personen getötet haben.

Die ersten Taten der Zeppeline

Gleich bei der ersten glänzenden Waffentat des Weltkrieges, der Erstürmung von Lüttich, war einem Zeppelinschiff erfolgreiche Mitwirkung beschieden. Von da ab tauchen in der Chronik des Krieges ohne Unterbrechung immer wieder die Luftkreuzer auf. Dabei ist wohl im Auge zu behalten, dass ihre Fahrten meist nur durch Augenzeugen bekannt wurden und sehr wahrscheinlich noch viel häufiger nicht in die Presse gelangten.

1. Aug.	Ein Z an der Nordseeküste Jütlands, fährt nordwärts.
24. Aug.	Ein Z wirft Bomben auf Antwerpen, zerstört die Gaswerke.

---

13   Anm. des Verlags: Hiermit ist das heutige New York gemeint.

3. September[14]	Ein Z wirft abermals Bomben auf Antwerpen.
12. Sept.	Ein Z wirft abermals Bomben auf Antwerpen.
25. Sept.	Ein Z wirft Bomben auf Ostende.
30. Sept.	Ein Z überfliegt, Bomben werfend, Alost[15], Gent, Deinze.
1. Okt.	Ein Z wirft Bomben auf Bialystok.
9. Okt.	Ein Z über Uleaborg (Finnland).
13. Okt.	Ein Z über Oudenarde[16].
17. Okt.	Ein Z wirft Bomben auf Warschau.
29. Okt.	Ein Z wirft Bomben auf Paris.

Wozu die Liste fortsetzen? Weit interessanter ist die Wirkung auf den Feind, obschon auch sie in Osten und Westen, Entsetzen und Panik hervorrufend, eine merkwürdige Eintönigkeit zeigt.

Zeppelinfurcht in Antwerpen

Der belgische Generalstab ordnete an, dass abends in Antwerpen sämtliche Lichter auszulöschen seien, und warnt auch das Publikum vor dem sinnlosen Schießen. In dieser Proklamation heißt es:
Seht nicht überall Luftschiffe! Zum Beispiel ist der Planet Jupiter, der um 8 Uhr aufgeht und um 11 Uhr untergeht, kein Scheinwerfer. Luftschiffe haben überhaupt keine Scheinwerfer. Telefoniert auch nicht immer gleich an die Behörde! Haltet euch ruhig!

Die Verwirrung in Antwerpen sei kaum zu beschreiben und die Stimmung der Bevölkerung, die sich von Frankreich und England verraten glaube, eine verzweifelte. Die Flucht der königlichen Familie nach England werde stündlich erwartet.

Berliner Lokalanzeiger

---

14   Anm. des Verlags: Im Original steht hier August, aufgrund der chronologischen Auflistung wird aber angenommen, dass hier bereits der September gemeint ist.

15   Anm. des Verlags: Hiermit ist die belgische Stadt Aalst gemeint, dessen französischer Name Alost ist.

16   Anm. des Verlags: Heute hauptsächlich Oudenaarde.

In Antwerpen wird die Zeit gewissermaßen nach den Zeppelinbomben gerechnet.

Ein Augenzeuge in Svenska Dagbladet

Seitdem das Zeppelinluftschiff zum ersten Mal über Antwerpen erschien, ist die ganze Bevölkerung in fortwährender Angst. Wir wohnen mit allen unseren Bekannten im Keller eines Hauses, sind froh, dort die Nächte zubringen zu können, denn niemand wagt, in seiner Wohnung zu schlafen. Nur in den Kellern fühlt man sich einigermaßen sicher.

Brief aus Antwerpen

Deutsche Augenzeugen

Als wir am 24. August in Lüttich weilten, sahen wir gegen 1 Uhr nachts einen Zeppelin in nordwestlicher Richtung und großer Höhe die Stadt überfliegen. Deutlich hob sich seine schlanke Gestalt vom Nachthimmel ab, als er sich durch ausgeworfene Leuchtkugeln beleuchtete, damit er nicht für ein feindliches Luftschiff gehalten werde. Sein Besuch galt, wie inzwischen bekannt geworden ist, der Festung Antwerpen, wohin sich bekanntlich die königliche Familie, die Regierung und die belgischen Truppen zurückgezogen haben … Seitdem herrsche unter der Bevölkerung der belagerten Festung nachts eine ungeheure Erregung.

Diese Furcht hat sich auch auf London übertragen, wo man allnächtlich der Ankunft deutscher Luftkreuzer angstvoll entgegensah. Um 4 Uhr morgens sah ich unser stolzes Luftschiff nach wohlverrichteter Arbeit über Lüttich hinweg seinem derzeitigen Standort wieder zufliegen.

Dr. Oskar Bongard in der Vossischen Zeitung

Eines Abends wurde uns bekanntgegeben, dass morgens etwa um 4 Uhr ein Zeppelin unsere Stellungen überfliegen würde. Welche Begeisterung diese Nachricht weckte! Viele, darunter auch ich, hielten sich in dieser Nacht, trotz unserer Müdigkeit, dem Schlaf fern, um ja den erhebenden Anblick nicht zu versäumen. Und richtig, pünktlich um 4 Uhr hörten wir die Propeller surren und sahen wir das schöne Schiff über uns hinwegziehen ... Wir mussten schon unsere ganze Selbstbeherrschung aufbieten, um es nicht durch ein von Herzen kommendes Hurra! zu begrüßen.

Feldpostbrief von der Westfront, September 1914

Der Zeppelin im Weltbad

Es war Punkt ¾11 Uhr nachts – am 26. August0– und ganz Ostende lag schon lange in tiefer Finsternis, als ein telefonischer Anruf aus Thourot[17] den Stadtkommandanten von Ostende, Oberst Wielemans, davon verständigte, dass ein Zeppelin von Oudenarde kommend, Thourot in der Richtung auf Ostende passiert habe. Und schon einige Minuten später kann man das furchtbare Surren der Maschinen eines Zeppelins 200 Meter über den Dächern des schlafenden Ostendes hören. Der Zeppelin sucht mit dem Feuer seiner gewaltigen Scheinwerfer den Strand ab, dann nimmt er Richtung nach dem Bois de Boulogne und dem Strandbahnhof und bald darauf zerreißen vier furchtbare Detonationen die Stille der Nacht ...

Berliner Tageblatt

Zeppelinfurcht in Frankreich

Die Zeppelinfurcht nimmt in Frankreich immer größeren Umfang an. Eine Belagerung von Paris, nur von deutschen Luftschiffen ausgeführt, hält man nicht für ausgeschlossen. Tag und Nacht manövrieren französische Flieger über der Hauptstadt, um Paris vor feindlichen Luftschiffen zu schützen. Strengste Sicherheitsmaßregeln wurden in ganz Frankreich getroffen.

Nieuwe Courant, Rotterdam, 20. August 1914

---

17   Anm. des Verlags: Hiermit ist das heutige Thourotte gemeint.

Wirkungen

In Paris wurden Ende August die Kunstschätze in eisernen Kisten und Stahlkammern versorgt, die Säle des Louvre, die wertvolle Skulpturen enthalten, bis zur Decke mit Sandsäcken ausgefüllt. Später verbrachte man alles, was sich irgendwie transportieren ließ, nach Bordeaux.

Der Schrecken war in Paris so allgemein, dass die Bevölkerung sich kaum noch aus den Häusern wagte – soweit sie nicht überhaupt schon in geschütztere Teile des Landes ausgerissen war.

Dieses letztere Ergebnis war überall zu beobachten, wo Zeppeline die Luft unsicher machten, so auch in Antwerpen, in Ostende und in Warschau, und selbst dort, wo man sie erst erwartete – in London.

Der Polizeibeamte als „Spion"

Die Angst vor den deutschen Luftschiffen beherrscht in Paris immer noch die Bevölkerung. Bei der Polizei laufen beständig Denunziationen ein gegen Leute, die von ihren Fenstern aus den Luftschiffen Lichtsignale gegeben haben sollen. In einer Straße ganz oben auf dem Montmartre drang die Menge in ein Haus ein, weil sie einen sich über das Fenster bewegenden Lichtschein bemerkt hatte. Man schrie: „Heraus mit dem Spion" und zwang den Hausverwalter, den verdächtigen Mieter herunterzuholen. Es war zufällig ein Angestellter der Polizeipräfektur, der selbst mit der Überwachung der deutschen Spione betraut ist. Aber das hätte ihn vielleicht doch nicht vor dem Gelynchtwerden gerettet, wenn nicht zufällig ein Attaché der russischen Botschaft bei ihm zu Besuch gewesen wäre.

Frankfurter Zeitung 27. März 1915

London und die Zeppeline

London liegt nachts in tiefstem Dunkel.

Kopenhagener Meldung vom 31. August

Das Carlton-Hotel geschlossen

Ein Holländer hatte für Bekannte anfangs September Zimmer im Londoner Carlton-Hotel[18] bestellt. Daraufhin erhielt er von der Direktion des Hotels folgenden Bescheid:

Mit Rücksicht darauf, dass für unsere Monumentalbauten in London durch die deutschen Flugschiffe eine ungeheure Gefahr besteht, waren wir genötigt, unser Hotel zu schließen. Wir konnten daher Ihre Bestellung nicht annehmen und haben sie einem anderen Hotel überwiesen.

Die Vernichtung der Zeppeline

Die englischen Militärbehörden holten im September das Gutachten eines bedeutenden belgischen Aviatikers über die Zeppelingefahr ein. Nach einer Meldung aus dem Haag war es in keiner Weise beruhigend. Die Schlussfolgerung seines Berichtes lautet:

„Kurz und gut: gegen die Zeppeline gibt es also kein sicheres Abwehrmittel. Es sind ganz furchtbar bewaffnete Luftschiffe; sie sind außerdem leicht manövrierbar und befähigt, eine Fahrt von sieben bis achthundert Kilometer mit größter Leichtigkeit auszuführen."

Ein Erlass des „Kladderadatsch"

Einen sehr vernünftigen Vorschlag zu einer Polizeiordnung machte der „Kladderadatsch", als nach dem Zeppelinbesuch in England ein Unterhausmitglied in den „Times" verriet, dass die Zeppeline von Autos begleitet gewesen seien, die Lichtsignale nach oben gegeben hätten.

Besonders zwei Paragraphen dieser Polizeiordnung sind in dieser schwierigen Sache sozusagen die Eier des Kolumbus. Sie lauten:

---

18   Anm. des Verlags: Das Londoner Carlton-Hotel wurde 1940 stark durch deutsche Luftangriffe beschädigt und infolgedessen im Jahre 1958 abgerissen.

158

* 3. Die Automobile, die als Spione im Dienste einer feindlichen Macht stehen, haben sich mindestens eine Stunde vor dem Erscheinen der Zeppeline bei dem nächsten Polizeiamt zu melden.

* 4. Das Erscheinen feindlicher Zeppeline über dem Gebiet Großbritanniens wird hiermit verboten.

„Umgang mit Zeppelinen"

Bei der Besprechung der Instruktionen für einen Zeppelinangriff im englischen Oberhaus erklärte Lord Harris entrüstet, ihm sei eine offizielle Mitteilung zugegangen des Inhalts, dass er, wenn eine Bombe vor seiner Vordertür niederfallen würde, am besten täte, sein Haus durch die Hintertür zu verlassen. (Allgemeine Heiterkeit.)

Ein anderer Redner führte dazu aus, es sei allerdings ein starkes Stück, einer so vornehmen Persönlichkeit ein „Entweichen durch die Hintertür" zuzumuten. Wenn aber die Bombe vor der Hintertür niederfalle, so seien die Behörden sicherlich damit einverstanden, wenn er ruhig zur Vordertür hinausgehe.

In New Barnet empfiehlt die Kirchenbehörde von St. Markus folgendes Vorgehen: Beim feindlichen Angriff singt die Gemeinde ein Kirchenlied, die an den Seiten sitzenden Männer führen die Gemeindemitglieder in guter Ordnung aus den Bänken heraus zu den Ausgängen, und zwar die auf der Nordseite zu der Nord-, die auf der Südseite zu der Südtür. Niemand hat seinen Platz zu verlassen, ehe er – natürlich unter den Klängen des Kirchenliedes – von den bezeichneten Vertrauensmännern dazu aufgefordert wird.

Nach England

Die drei Zeppelins

Es zogen drei Zeppelins übers Meer!
Hoch über Old-England, da schwebten sie her:

„Wo mögen nur all deine Dreadnoughts sein?
Miss Albion, wo hast du dein Inselein?"

„Meine Dreadnoughts, die hab ich zitternd versteckt,
Mein Inselein liegt ins Meer gestreckt!"
Und als sie umflogen das Britenreich,
Da lag das Inselein schreckensbleich.

Der erste besann sich nicht lange – schwapp!
Da warf er zum Gruß ein paar Bomben herab:
„Wie schau ich so gern jetzt niederwärts!
Ach, träf ich dich tief in dein schwarzes Herz!"

Der zweite, der steuerte eilig hinzu
Und brachte das Inselein ganz um die Ruh.
„Fünf Bomben, die seien dir heute geweiht!
Doch hab ich viel mehr noch für später bereit."

Der dritte, der rollte durch Nebel und Nacht,
Hat sieben Bomben niedergekracht:
„Dich hass ich, du Heuchlerin, dich allein –
Und raste nicht, bis du vernichtet wirst sein!"

Sigmar Mehring

Deutsche Marineluftschiffe über England

B e r l i n , 20. Januar. In der Nacht vom 19. zum 20. Januar haben
Marineluftschiffe einen Angriff gegen einige befestigte Plätze an der
englischen Ostküste unternommen. Hierbei wurden bei nebeligem
Wetter und Regen mehrfach Bomben mit Erfolg geworfen. Die Luftschiffe wurden beschossen, sind aber unversehrt zurückgekehrt.

Der Stellvertreter des Chefs des Admiralstabs, Behncke

Das dunkle Paris

A m s t e r d a m , 20. Januar. Aus Paris wird gemeldet, dass die neuen Bestimmungen über die Beleuchtung der Stadt in Kraft getreten sind, und dass die Stadt jetzt ebenso dunkel ist wie London.

Der Eindruck in London

H a a g , 25. Januar. In einer Besprechung des Luftkrieges gegen England sagt der „Nieuwe Rotterdamsche Courant": Die englischen Zeitungen schreiben in ihren Schilderungen des deutschen Luftangriffes wohl, dass diese Angriffe keine andere Wirkung haben, als die, das englische Volk noch entschlossener zum Kriege zu machen. Aber wir haben hier Menschen getroffen, denen es an Entschlossenheit keineswegs mangelt, die aber in Antwerpen den Zeppelinangriffen während der Belagerung beigewohnt haben und von deren Wirkung eine ganz andere Darstellung geben, als wir sie in englischen Blättern finden, nämlich eine Wirkung, die mit der Panik der Bevölkerung Norfolks übereinstimmt.

Möglich ist, dass der Angriff das Prestige der Zeppeline befestigen sollte. Es wäre aber ein Irrtum, hierin den einzigen oder den Hauptgrund sehen zu wollen. Die Deutschen haben zu den Aufgaben der Flugzeuge, Kundschafterdienste zu leisten und Bomben zu werfen, eine dritte Aufgabe hinzugefügt, nämlich Furcht einzuflößen.

… Da die Zeppeline einen Aktionsradius von 1200 Meilen haben, so gibt es keinen Teil der britischen Insel, den sie nicht erreichen könnten. Wären die Schiffe am Dienstag mit Volldampf gekommen, so hätten sie jede große englische Stadt erreichen und vor Tagesanbruch wieder zu Hause sein können. Da es Deutschlands Zweck sein muss, Städte mit wertvollen Eisenbahnknotenpunkten, mit Kriegsmaterial, Fabriken, Schiffswerften usw. anzugreifen, so dürfen wir das nächste Mal einen ganz anderen Angriff weiter im Inlande erwarten. Wir können nichts dagegen tun, als unsere Städte verdunkeln und uns mit Luftgeschützten versorgen.

Times, 21. Januar 1915

161

Eine weitere Folge

Mit der Rückkehr des Sicherheitsgefühls im englischen Volk nehme in England eine gewisse Friedensstimmung zu. Man möchte Frieden schließen, vorausgesetzt, dass Englands Machtstellung aus dem Kriege siegreich, mindestens aber unberührt hervorgehe.

Der Londoner Korrespondent des „Giornale d'Italia" (Rom, 25. Januar)

Angst

Das sind die Zeppeline,
Sie kamen über Nacht.
Mit angstbeklommner Miene
Sah England ihre Macht.
Sie brachten aus den Lüften
Den Briten ihren Gruß.
Da tät sich grausam giften
John Bull von Kopf bis Fuß.

Sie kamen schnell und schneller,
Er schaute bebend zu,
Das Surren der Propeller,
Das raubte ihm die Ruh.
„Mag Gott die Deutschen strafen!"
So rief er zitternd aus.
„Man kann nicht ruhig schlafen
In seinem eignen Haus!

Das ist ja die Verneinung
Des Christentums, hört an!
Das war nicht meine Meinung,
Als ich den Krieg begann.
– Goddam, was knallt und kracht da?
Mir wird beinahe schlecht.

Wo bleibt denn hier – wer lacht da? –
Das heilige Völkerrecht?

Kommt eine Bombensendung
Inmitten des Gefechts,
So ist dies eine Schändung
Des ganzen Völkerrechts.
Wie kann man mich beschießen?
Das ist der reine Mord!
Das muss mit Recht verdrießen
Den Bürger und den Lord.

Wenn man mich überlistet,
So find' ich das gemein.
Fürwahr, ich bin entrüstet.
Wie kann es anders sein?
Das Recht des streitigen Falles
Ist klar, denn also spricht's:
„Der Brite, er darf alles,
Der Deutsche, er darf nichts."

Das sind die Zeppeline,
Sie kommen keck und dreist
Und bringen uns die Sühne
Für Englands Krämergeist.
Je mehr sich London wütet,
Je lauter ruft Berlin:
Sei immerdar behütet,
Du greiser Zeppelin!

Max Friedlaeuder

Scherzworte

Die Zeppelingefahr gab den „Daily News" in London Veranlassung, ihre Abonnenten gegen die Gefahren der Luftangriffe zu versichern. Die Zeitung versprach bei Verlust von

Mobiliargegenständen usw.	bis zu 250 Pfund
eines Gliedes oder Auges	500 Pfund
beider Augen oder zweier Glieder	1000 Pfund

Wie steht es aber nun, fragt der „Kladderadatsch", wenn ein Leser beim Anblick eines Zeppelins den Kopf verliert?

Auch bleibt die Frage offen, ob jemandem, dem das Herz in die Hose fällt, ersteres oder nur letztere ersetzt werden.

Dies aber scheint sicher: die „Daily News" werden bei deutschen Luftangriffen nicht ungehalten sein.

A.: Was stellt man sich eigentlich in England unter einem Zeppelin vor?
B.: Nun – London.

Kladderadatsch

Für England sind die Zeppeline ein schlechtes Geschäft, gerade weil sie für England so viel abwerfen.

Detroit Abendpost

Faustzitate.
London ohne Licht: Am Abend schätzt man erst das Haus.

Zeppelin-Nachtflug:
Du wirst die Wächter aus dem Schlaf schreien!

In Paris und überall

Pariser Ostereier 1915

In der Nacht vom 21. auf 22. März erschienen wieder einmal Luftschiffe über Paris und warfen Bomben ab. Es sind augenscheinlich vier gewesen, von denen indes nur zwei bemerkt wurden.

Bei St. Germain warfen die deutschen Luftschiffer Plakate herunter mit der Aufschrift: Pariser! Das sind eure Ostereier!

Zeppelin-Nacht in Paris

… Von überall hört man den Ruf:

„Les Zeppelins! Les Zeppelins!"

Ein Schutzmann steht mitten im Haufen und erklärt:

„Sie wurden einviertel vor ein Uhr aus Compiègne gemeldet und müssen jetzt über der Enceinte sein …"

Die Uhr ist kurz nach eins. Überall in Paris – von Montparnasse bis Ménilmontant, in Passy und Montmartre erklingen die Hornsignale der Feuerwehrleute, Autos rasen durch die Boulevards und blasen Alarm. *Garde à vous!* Vorm Bahnhof werden die letzten Lichter gelöscht und wir stehen im Dunkeln unter dem sternenklaren Himmel. Aus der Ferne, vom Mont Valérien und den Forts um Paris hören wir in der stillen Nacht das tiefe Brummen der Kanonen. An den Droschkenhaltestellen haben die Kutscher die Laternen ihrer Wagen gelöscht und sich aus Angst vor den Zeppelinen in die geschlossenen Droschken verkrochen.

Da wird die Luft von einem ohrenbetäubenden Knall erschüttert.

„Seht!" ruft einer aus dem Haufen und zeigt in die Richtung des Eiffelturms: „Zeppelin!"

„Wo, Wo?"

„Und die kleinen Lichter hinter ihm! Das sind unsere Flieger ... Sie kriegen ihn! Sie kriegen ihn!"

Wir starren angestrengt zu den Sternen hinauf, sehen aber nur ihr ruhiges Blinken, nichts anderes; weder Zeppeline noch französische Flieger. Durch die Stille aber hören wir die Kanonen vom Platz vorm Trocadéro und die Mitrailleusen von der Plattform des Eiffelturms.

Es ist die erste Frühlingsnacht. Die Luft ist so lind und mild. Die schwarze Kuppel des Invalidendoms hebt sich wie eine Silhouette vom Sternenhimmel ab. Wir hören zwei kräftige Explosionen oder Schüsse. Sind es Bomben von dem unsichtbaren Luftschiff oder französische Kanonen?

Wie von einer unsichtbaren Macht angezogen, sammeln alle Scheinwerfer, die bisher unaufhörlich und unruhig über den Himmel gefegt sind, sich jetzt an einem bestimmten Punkt, schneiden sich und bilden leuchtende Winkel am östlichen Horizont. Ein Strahlenbund vom Eiffelturm zeigt gerade auf die *Sacré-Coeur*-Kirche, die zwischen den Höhen von Montmartre weiß durch die Nacht leuchtet. Ein anderer Sucher kommt von dem Dach auf Dyfagels Etablissement, entfaltet sich wie ein Fächer und bildet ein leuchtendes Oval über Batignolles. Von verborgenen Stationen längs der Seine, von den kleinen Ortschaften in der Umgebung von Paris, aus der tiefsten Dunkelheit der Weltstadt selbst strahlen diese leuchtenden Brücken aus, die zu dem unsichtbaren Feind in der Nacht hinaufführen, der hoch oben in der Finsternis dem Lauf der Seine folgt und, ohne zu schwindeln, die Sterne in dem rinnenden Wasser blinken sieht.

Plötzlich sehen wir, wie ein Sucher, der unruhig auf und ab vibriert hat, in die Höhe schießt und fast lotrecht über unseren Köpfen ein Oval bildet. Gleichzeitig prasselt vom Dach des Triumphbogens der Bleiregen der Mitrailleusen. Und jetzt hören wir in der Richtung von Grenelle deutlich die Motoren des Luftschiffes, ein tiefes Brummen, das näher und näher kommt, und im nächsten Augenblick sehen wir, indem der Scheinwerfer seine Beute findet und umschließt – einen Zeppelin, der, von dem leuchtenden Oval des Scheinwerfers umgeben, einen Augenblick im Sternbild der Kassiopeia steht und darauf langsam weitergleitet, der Champs Elysées in der Richtung von Neuilly[19] folgend. Das Luftschiff, das vorn eine stark leuchtende Laterne hat, schwimmt sicherlich nicht mehr als 1000 Meter über der Stadt. Jetzt aber steigt es, versucht durch ein schnelles Manöver dem Licht des Scheinwerfers zu entgehen. Die Luft hallt von Kanonenschüssen wider, und deutlich sehen wir, wie die Schrapnells vor, hinter und neben dem Zeppelin explodieren, ohne dass ein einziges trifft. Die Explosionen der Granaten hinterlassen einen Federbusch von weißem Rauch, der unterm Nachthimmel verflattert. Im Kielwasser des Luftschiffes zeigen sich einige kleine helle Punkte, die über den Himmel gleiten und plötzlich verlöschen. Zuerst glauben wir, dass es verfolgende französische Aeroplane sind mit Laternen am Steven, schließlich aber kommen sie in solchen Mengen vor, dass wir annehmen müssen, dass es entweder leuchtende Raketen oder Funken vom Motor des Zeppelins sind.

Der Anblick, den ich geschildert habe, dauert nur wenige Augenblicke. Durch ein schnelles Manöver ist das Luftschiff in der Dunkelheit verschwunden, übrig sind nur die roten Funken und die Strahlenbündel der Scheinwerfer, die wieder ohne Ziel ruhelos über den Himmel fladern.

Die Kanonenschüsse werden seltener und ferner und verstummen schließlich ganz. Die leicht bekleideten Zuschauer, die die Balkons gefüllt hatten, schließen Fenster und Läden. Vereinzelte Nachtwanderer, die das seltsame Schauspiel verfolgt hatten, kehren heim. Bald ist alles still. Paris schläft wieder.

Andreas Winding in „Politiken"

Der Matin gegen die „Luftpiraten"

Der „Matin" setzte nach dem Besuch der Zeppeline über Paris Ende März 1915 einen Preis von 25.000 Franken für den Flieger und von 10.000 Franken für den Artilleristen aus, der den ersten Zeppelin innerhalb des Festungsbereichs von Paris herunterholt.

---

19   Anm. des Verlags: Hiermit ist das heutige Neuilly-sur-Seine gemeint.

„Wir wollen", erklärt der „Matin" dazu, „diese Luftpiraten, diese als Soldaten verkleideten Banditen, die bald mit ihrem Eisenhagel die Paläste Belgiens überschütteten, in denen Kinder schlafen, bald die Landhäuser zerstören, in denen junge Mädchen und alte Frauen ruhen, bald mit ihren Brandgeschossen die Häuser der Pariser Bannmeile bedenken, wie Zuchthäusler behandeln, auf deren Kopf man einen Preis setzt."

Graf Zeppelin über Unfälle der Nichtkämpfer

Der Vertreter der amerikanischen Pressevereinigung von Wiegand suchte nach dem Zeppelinangriff auf England den Grafen Zeppelin auf. Unter anderem bemerkte Wiegand, es sei gemeldet worden, dass bei der ersten Luftinvasion in einem anderen Lande – er meinte wohl den Angriff auf Lunéville – mehrere Nichtkombattanten getötet worden sein.

„Niemand bedauert das lebhafter als ich", entgegnete der Graf, „aber sind nicht auch Nichtkombattanten in großer Menge durch andere Kriegsmaschinen getötet worden? Warum gerade jetzt dieser Empörungsschrei Englands gegen uns? Dieser Empörung liegt nur die Furcht Englands zugrunde, dass die Zeppeline seine ‚splendid isolation' zerstören könnten, sowie die Tatsache, dass es den Engländern nicht gelungen ist, etwas den Zeppelinen Ähnliches zu bauen. Man sagt, dass wir von großer Höhe nicht immer unser Ziel sehen können. Dasselbe gilt aber auch von der Artillerie, insbesondere von den Mörsern. Kommt es nicht oft vor, dass Granaten auf unverteidigte Stadtteile, auf Leute, die am Kriege nicht teilnehmen, niederfallen? Wie viele Nichtkombattanten durch Zeppeline in diesem Kriege gefallen, wie viele durch andere Waffen und Maschinen getötet worden sein mögen, das kann man natürlich nicht genau angeben. Die Zeppeline haben ebenso wenig Neigung, Frauen und Kinder zu töten, wie etwa die Offiziere und Kanoniere unserer Artillerie, soweit es in ihrer Kraft liegt, dies zu verhindern. Ein Beweis dafür sind auch die nicht explodierten Bomben, die man in den englischen Städten gefunden hat. Wenn Zeppeline vom Feind entdeckt und unter heftiges Feuer genommen werden, so mag es für die Mannschaften von großer Wichtigkeit sein, so schnell wie möglich aufzusteigen, und um dies zu tun, wird es notwendig sein, Bomben als Ballast abzuwerfen. In diesem Falle werden nach Möglichkeit die Explosionskontakte ausgeschaltet, so dass eine Bombe, die möglicherweise auf Nichtkombattanten fallen könnte, nicht explodieren kann. Solches hat sich wahrscheinlich auch in den englischen Städten zugetragen."

Überall Zeppeline

Die Preise des „Matin" für Vernichtung von Zeppelinen haben keine Wirkung ausgeübt. Überall erschienen die Luftkreuzer. Selbst die von den Engländern aufs Beste ausgerüstete Festung Calais konnte nichts gegen die furchtbaren Rächer ausrichten, deren Bomben, wie von dort berichtet wird, eine erdbebenähnliche Wirkung ausüben. Immer und immer wieder erschienen und erscheinen sie über der Festung. Und auch über Paris und über England.

1. Juni 1915. (Amtlich.) … Als Antwort auf die Bewerfung der offenen Stadt Ludwigshafen belegten wir heute Nacht die Werften und Docks von L o n d o n ausgiebig mit Bomben.

Oberste Heeresleitung

Unfälle

B e r l i n , 8. Oktober, abends. Großes Hauptquartier. Die Luftschiffhalle in Düsseldorf wurde von einer durch einen feindlichen Flieger geworfenen Bombe getroffen. Das Dach der Halle wurde durchschlagen und die Hülle eines in der Halle liegenden Luftschiffes zerstört. –

Wie später nachgewiesen wurde, war bei diesem Missgeschick Verrat im Spiele.

L 3 gestrandet

B e r l i n , 18. Februar. (Nicht amtlich.) Wie Wolffs Telegrafisches Bureau erfährt, ist das Luftschiff L 3 auf einer Erkundungsfahrt bei

Südsturm infolge Motorhavarie auf Insel Fanö an der Westküste Jütlands niedergegangen. Das Luftschiff ist verloren, die ganze Besatzung gerettet.

L 4 gestrandet

Berlin, 19. Februar. (Nicht amtlich.) In dem schweren Südsturm, dem am 17. Februar das Luftschiff „L 3" zum Opfer fiel, ist, wie das WTB erfährt, auch das Luftschiff „L 4" verloren gegangen. Es ist infolge von Motorschaden bei Blaavands-Hoek[20] in Dänemark gestrandet und später nach See abgetrieben. Von der Besatzung sind elf Mann gerettet, darunter der Kommandant, vier werden vermisst. Die Geretteten sind im Waarde untergebracht worden.

Die tapfere Mannschaft

Die unerschütterliche Tapferkeit der Luftschiffmannschaften geht aus den Schicksalen des Funkentelegrafie-Obermaats Adolf Spieler aus Tangermünde hervor. Er gehörte zur Besatzung des vor etwa 2 Jahren in die Nordsee gestürzten Luftschiffes „L 1". Spieler wurde damals durch einen Dampfer gerettet und kam dann an Bord des Luftschiffes „L 2". Das Schiff fand durch die bekannte, beklagenswerte Explosionskatastrophe seinen Untergang. Der Obermaat wäre unrettbar verloren gewesen, befand sich aber durch einen Zufall nicht an Bord: er war zum Begräbnis eines Offiziers des „L 1" abkommandiert; als er zurückkam, war das Luftschiff ein Trümmerhaufen. Jetzt kam Spieler an Bord eines anderen L-Schiffes und zwar des „L 3", das am 17. Februar 1915 in schweren Stürmen auf der dänischen Insel Fanö unterging. Mit der ganzen Besatzung wurde auch er gerettet. Jetzt wurde Spieler der Besatzung des „L 4" zugeteilt, das kurz nach „L 3" ebenfalls verloren ging, bei Blaavands-Hoek in Dänemark strandete und später nach See abgetrieben wurde. Unter den elf Geretteten befindet sich auch Spie-

---

20   Anm. des Verlags: Heute entweder Blavandshuk oder Blaavands Huk.

ler. Der Obermaat ist also aus den Katastrophen des „L 1", „L 2", „L 3" und „L 4" unversehrt hervorgegangen, und wird nachher wohl in gleicher unerschrockener Selbstverständlichkeit wie bisher auf einem anderen Zeppelin dem Vaterland seinen Dienst gewidmet haben.

FELDERLEBNISSE

Die Zukunft des Luftkrieges

Einem amerikanischen Interviewer erklärte Graf Zeppelin nach dem Luftschiffangriff auf England auf seine Frage nach der Zukunft des Luftkrieges folgendes:

Der Luftkrieg ist da und wird bleiben, ebenso wie der Unterseekrieg. Der Luftkrieg mag in Zukunft ebenso wichtig werden, wie der Krieg unter dem Wasser. Natürlich hängt dies von der technischen Entwicklung der Zeppeline ab. Eine solche weitere Entwicklung der Unterseeboote und der Luftkreuzer wird meiner Ansicht nach die Wirkung haben, das ganze Antlitz und die Wirkungen des Krieges zu verändern. Vielleicht werden Kriege in der Zukunft dadurch überhaupt weniger wahrscheinlich werden. Ich glaube nicht, dass die Regierungen jemals sich durch Verträge binden lassen werden, den Luftkrieg auszuschalten. Ob es jemals große Luftschlachten zwischen großen Luftflottillen geben wird, wie zur See, diese Frage kann nur eine ferne Zukunft beantworten. Jetzt stehen wir erst an der Schwelle der Möglichkeiten und am Anfang der Ära der Luftschifffahrt.

Kampf zwischen Zeppelin und Flieger

Nach Graf Zeppelins eigener Aussage hat bis zum Februar 1915 ein einziges Mal ein Kampf von Fliegern gegen Zeppeline stattgefunden, in dem aber das Luftschiff die vielgepriesenen Angreifer in die Flucht schlug.

Der Held des Zeppelins

Bei einer Fahrt eines Zeppelinluftschiffes geriet das Fahrzeug in den Bereich der Batterien der Festung Antwerpen, und sofort wurde aus allen Geschützen das Feuer auf dasselbe eröffnet. Eine Granate zerschmetterte das Gerüst, an dem die hintere Schraube befestigt war. Die schwere Luftschraube neigte sich unglücklicherweise nach hinten und drohte in die Gondel zu stürzen. Es galt während der Fahrt, hoch in der Luft, das Gestell abzunehmen und gleichzeitig die Schraube ohne Gefahr für die Mannschaft zu beseitigen. Der Obermaschinist Luickhardt aus Wilhelmshagen bei Berlin meldete sich freiwillig zu der gefährlichen Aufgabe und führte sie bei rasender Fahrt aus. Mit einer Metallsäge und mit Feilen ausgerüstet, kletterte er außen am Ballon entlang, und es gelang ihm nach einer harten Arbeit von fast einer halben Stunde, die Arbeit auszuführen und so die weitere Manövrierfähigkeit des Zeppelinluftschiffes zu sichern. Nicht genug mit dieser Leistung, machte sich Luickhardt auch daran, die Hülle, die auf eine größere Länge aufgerissen war und infolgedessen starken Luftwiderstand bot, zu reparieren. Auch dieses Wagnis gelang. Der Held des Zeppelins hat für seine Tapferkeit das Eiserne Kreuz erster Klasse erhalten.

Berliner Lokalanzeiger

Ein Kampf auf Leben und Tod

… Die letzten Vorbereitungen wurden getroffen, und hinein ging es mit Jubel ins Feindesland. Viele Dörfer, Städte wurden überflogen und endlich, nachdem wir unser Ziel, die Festung N., sahen, gingen wir auf 2400 Meter hoch, und eine Viertelstunde später waren wir über unserem Ziel. Jetzt begann auf unserem Schiff die richtige Bewegung: einige „Bonbons" wurden hinabgeworfen, mit fürchterlicher Wirkung. Die Treffsicherheit war vorzüglich, und nachdem unsere Maschinengewehre in der Minute 1500 Schuss rausfeuerten, war der Kampf in vollster Schärfe entbrannt. Das sei zum Lob unseres Schiffes gesagt, alles klappte vorzüglich. Jetzt öffnete der Feind auch seine

Schlünde und wollte uns eherne Grüße zusenden, doch wir hatten nur ein Lächeln ob dieser Pulververschwendung, denn der Feind schoss einfach erbärmlich.

Unsere Aufgabe war erfüllt und nun machten wir uns weiter nach St. Qu. und richteten unter dem sich auf der Flucht befindlichen Feind furchtbare Verwüstungen an. Heftig wurden wir beschossen, und drei unserer Kameraden büßten ihr junges Leben ein, aber treue Pflichterfüllung zeichnete sie aus. Doch desto todesmutiger harrten wir auf unseren Posten aus. Sein oder Nichtsein, das war unsere Aufgabe, und der Feind ist furchtbar bedient worden und wird mit Schauer an unser Schiff denken. Jetzt ging es zum Heimathafen über Feindesland hinweg. Doch auf einmal bekamen wir ein äußerst heftiges Feuer, das für uns ein Verhängnis werden sollte. Fieberhaft wurde der Schaden ausgebessert, doch unsere alte Höhe konnten wir nicht erreichen – wir hatten zu viel Gasverlust. Jetzt wurden mit Riesenkraft Teile eines Motors abmontiert und kurzerhand über Bord geworfen. Die Maschinengewehre verrichteten blutige Arbeit unter unseren Feinden. Unser Ziel war die Grenze, doch durch schwierige Windverhältnisse, die ich Dir persönlich besser denn schriftlich auseinandersetzen kann, gelang uns dies Manöver nicht ganz und wir landeten in einem Hochwald eines französischen Dorfes. Es begann ein Kampf auf Tod und Leben. Wir kämpften wie die Löwen. Unsere größte Sorge war, dass das Schiff nicht in Feindeshand fiel – und es kam nicht in deren Hände. Einer von uns kam noch rein ins Schiff und bediente mit der größten Kaltblütigkeit ein Schiffsmaschinengewehr. Furchtbar war der Nahkampf, und als wir keine Munition mehr hatten, ging es mit dem Seitengewehr. Erlasse mir die Schilderung von dem, was nun kam. Wir mussten der Übermacht weichen und es gelang uns, uns nach D. durchzuschlagen, wo wir noch mit Franktiereurs zu kämpfen hatten. Erbärmlich, dass ein Weib auf verwundete Soldaten schießt, statt sich der Verwundeten, ob Freund oder Feind, anzunehmen. Unter ungeheuren Strapazen, wo noch zwei Kameraden durch Meuchelmord hingerafft wurden, langten wir in S. an und waren gerettet. Acht Mann von 42 mit Offizier, die ausgezogen, waren übrig, alle anderen blieben auf dem Schlachtfeld der Ehre …

Anhaltischer Staatsanzeiger, Feldpostbrief, 5. u. 6.9.1914

Eine Fahrt über Feindesland

Als ein Wunder, über alles hoch und schön,
Von der Welt gefürchtet und gepriesen,
Schweben wetterschwanger in den Wolkenhöhn
Kühne Drachen: Deutschlands Luftschiffriesen.

K.W. Marschner: „Der deutsche Schrecken"

Der Morgen beginnt zu grauen und längst haben wir die unsrigen und die feindlichen Stellungen ungesehen und ungehört, in einer Höhe von 1800 Meter überfahren. Doch leichte Nebelschleier lagern noch über der Natur. Am Pendelfernrohr sitzt der Offizier, unaufhörlich das Auge am Fernrohr und die Karte studierend, 2400 Meter zeigt der Höhenmesser an. Das Ziel unserer Fahrt liegt nicht mehr weit, wohl gar schon unter uns. Stark hält der Steuermann den angegebenen Strich im Auge. Mit einmal wird die Bombe Nr. 6 durch den Griff des Offiziers, dessen scharfes Auge schon eine ganze Weile durch das Pendelfernrohr auf einen Punkt gerichtet war, gelöst. Ein dickes schwarzes Wölkchen, das durch das Glas zu erkennen ist, bezeichnet den Ort des Aufschlagens und der Verwüstung. Bombe Nr. 5 und Nr. 4 sind kurz hintereinander der ersten gefolgt. Der Offizier hatte den Bahnhof und die nahe Eisenbahnbrücke ins Auge gefasst. Auf dem ersteren fanden Truppenverladungen statt. Kurz nach diesen Taten wurde es unter uns lebendig. Kleine, grauweiße Wölkchen verrieten, dass wir beschossen wurden, aber ohne Erfolg fielen diese uns zugedachten Liebenswürdigkeiten zur Erde zurück. Das Schiff hatte mit Volldampf voran den Rückweg angetreten. Die eigentliche Arbeit und Aufgabe der Beobachtungsoffiziere ist erst jetzt zu tun und unaufhörlich arbeitet der Fotograf, der Stellungen, Geländeabschnitte und dergleichen auf die Platte bringt. Über einem feindlichen Stützpunkt werden ebenfalls drei Bomben herabgeworfen und unaufhörlich schießt man auf uns. Nun haben wir die feindlichen Stellungen hinter uns und erleichtert atmet alles auf.

Rudolstädter Zeitung, Feldpostbrief, Februar 1915

Übers Meer gegen den Feind

Der Haupteindruck, den man von einer Zeppelinfahrt während des Krieges gewinnt, ist zunächst der einer fürchterlichen Kälte. Es kann sich überhaupt niemand vorstellen, was es bedeutet, in dem eiskalten Luftmeer über der Nordsee zu kreuzen. Wir dürfen kein Licht anstecken, wir können nicht einmal eine Zigarre rauchen, um die Stunden der unheimlichen Nacht zu verkürzen, denn der Luftkreuzer darf seine Anwesenheit im Dunkeln zwischen den treibenden Wolken nicht durch irgendeinen Lichtschein verraten. Es ist gleichsam, als wenn die Kälte ein intensives und eigentümliches Gefühl auslöst, das man in früheren Zeiten überhaupt nicht gekannt hat. Wenn wir in der Gondel stehen und das eintönige Rauschen des Meeres tief unter uns hören, und wenn wir nach dem sternenbedeckten Himmel schauen, so ist es uns gleichsam, als wären wir ein Teil des Luftkreises selbst. Man hat das Gefühl, als wäre der Ballon eine Sternschnuppe, die in der Kälte des Weltraumes herumsaust. Wir sprechen nicht zusammen, wir stieren nur immer durch das Dunkel und hören doch nichts anderes als die Sturmwogen, die sich mit einem kaum beschreiblichen Lärm am Vorderteil des Luftkreuzers brechen, dann wie kaltes Wasser längs dessen Flanke dahineilen und die Gondeln mit ihren heulenden und drohenden Stimmen umwirbeln.

Dieses uns entgegenströmende Luftmeer durchdringt unsere Kleider und umschließt unseren Körper mit einem Harnisch, in dem wir des Wetters feuchten und flüchtenden Geist vernehmen. Nein, nichts ist so merkwürdig und so tragisch spannend, als mitten in der Atmosphäre zu schweben und den Steven immer nah den Sternenbildern des Himmels gerichtet zu halten. Derjenige, der dies einmal durchgemacht hat, wird es niemals vergessen. Wenn er dazu verdammt würde, auf der Erde zu leben, würde er ein einsamer und grübelnder Mensch werden. Und wenn nun, während wir im Zeppelin dahinfliegen, unter uns in tiefschwarzer Nacht die schwachen Lichtstrahlen einer Stadt oder eines Dorfes auftauchen, so haben wir dasselbe Gefühl wie ein Jagdvogel, wenn er seine Beute erspäht. Während der Luftkreuzer durch die Wolken eilt, scheint uns die Stadt mit ihren vielen Lichtern entgegen zu eilen, wie eine große Flotte, die ein schicksalsschwerer Wind über das Meer treibt, während niemand an Bord der Schiffe die Nähe des Todes ahnt. Dann lassen wir unsere Bombe fallen; wir sehen eine ungeheure, weißglühende Flamme in der dunklen Tiefe und hören gedämpft die Explosion zu uns heraufklingen, wie die Stimme eines ungeheuren unheimlichen Wesens. Dann treibt der Luftdruck den Steven des Zeppelins in die Höhe, ähnlich wie ein Seeschiff von einer großen Woge emporgehoben wird, aber es ist doch eine freiere, weichere Bewegung, und es ist gleichsam, als wenn der Riesenvogel atmet. Dann sinkt der Steven langsam wieder, während uns die eisige Kälte der Luft und der Sturm wieder umfliegen.

Dagens Nyheter nach einer Unterredung mit einem deutschen Luftschiffer, Winter 1915

Luftschiff gegen Kriegsschiff

Durch eine neue, bisher einzig dastehende Tat hat das Werk des Grafen vom Bodensee das Vertrauen gerechtfertigt, das wir alle ihm entgegenbrachten. In offenem Kampfe gegen eine englische Unterseebootflottille hat ein deutsches Marineluftschiff glänzend gesiegt: nach Vernichtung eines der Gegner ist es selbst trotz heftiger Beschießung unversehrt heimgekehrt.

Der karge Bericht des deutschen Admiralstabes bedeutet eine neue Phase im Luftkrieg. Hatten unsere Luftkreuzer schon durch ihre wiederholten Fahrten über dem einstmals unzugänglichen England ihren fast unbegrenzten Aktionsradius so deutlich dokumentiert, dass selbst die englische Presse nicht mehr dagegen anlügen konnte, so beweist diese neueste Leistung eines unserer stolzen Zeppeline nicht minder klar die furchtbare Angriffskraft dieser früher viel angezweifelten Kriegswaffe. Wenn es dem Marineluftschiff gelungen ist, das verhältnismäßig kleine Ziel, das ein Unterseeboot ihm bietet, zu treffen, so wissen wir nun vollends, was wir von den englischen Meldungen über den angeblich nur geringen Schaden zu halten haben, den frühere Zeppelinbomben auf dem britischen Festland anrichteten. Aber wichtiger als das: nun muss man auch in England die Größe der Gefahr erkennen, die der britischen Flotte droht, wenn eines Tages oder eines

Nachts unsere Zeppeline sich ein größeres und wertvolleres schwimmendes Ziel suchen, als es sich ihnen diesmal in der ja sonst engländerfreien Nordsee bot: ein „Dreadnought" (ach, er fürchtet jetzt alles, was von deutscher Seite kommt!) ist aus der Luft noch leichter getroffen, und sein Untergang auf solche Weise ist nicht zu vertuschen wie das Versacken eines Panzers im Kampf zwischen Schiff und Schiff. Denn dem Luftkreuzer, der über ihm schwebt, bleibt nichts verborgen. Dessen Augen durchdringen sogar das Wasser des Meeres und erspähen jede Bewegung, selbst der untergetauchten U-Boote, und unterscheiden sie sicher von der Todesfahrt, auf die eine deutsche Luftschiffbombe jetzt ein britisches Unterseeboot schickte.

Hamburger Fremdenblatt

DER EWIG JUNGE ZEPPELIN

Graf Zeppelin im Felde

Wenn der Graf mit Rücksicht auf sein hohes Alter auch nicht mehr aktiv am Krieg teilnehmen konnte, so ließ er es sich doch nicht nehmen, seine Ulmer Ulanen zu Weihnachten im Feld zu besuchen. Darüber berichtet ein Feldpostbrief:

Wenige Tage trennen uns noch vom Heiligen Abend. Da durchläuft eines Morgens frohe Kunde das Regiment: „Zeppelin kommt! Zeppelin will die Kriegsweihnacht bei seinen Ulanen verleben."

Große Begeisterung überall. Schnell wird noch die letzte Hand an alles gelegt, ein mehr gut gemeinter als schöner Triumphbogen errichtet und schon ist der 24. Dezember da. Gegen Mittag wollte der Graf kommen. Ein Posten ist ausgestellt, seine Ankunft zu melden. Bald kann er das Zeichen geben. Fanfaren schmettern, die Ortswache präsentiert und das Auto hält, dem unser Graf in feldgrauer Ulanka, Tschapka, hohen Stiefeln und sein Begleiter Exzellenz von Tognarelli entsteigen. Das ganze Offizierskorps ist zur Begrüßung versammelt, der Kommandeur geleitet den Besuch nach der Begrüßung in sein

177

Quartier, ein sehr einfaches, aber freundliches Bauernhaus mit kleinem Vorgarten. Zwei alte Wachtmeister haben es sich nicht nehmen lassen, als Erste hier den Ehrenposten zu beziehen. Mit präsentiertem Degen stehen sie, beide das Kreuz auf der Brust, und der Graf kann in ihnen alte Bekannte begrüßen.

Nach kurzem Imbiss bei den Herren des Stabes fährt der Graf mit dem Kommandeur in das Jagdhaus, wo im großen Saal die Bescherung der 2. Schwadron stattfand.

Mit dem sinkenden Tag rüsten sich auch die 5. Schwadron und der Regimentsstab zur Feier. Der einzige Raum im Orte, der genügend Platz für alle bietet, ist die Kirche. Unter dem Geläute der Glocken treten wir in den einfachen Raum. Er ist festlich geschmückt. Kaum ist alles versammelt, da erscheint Graf Zeppelin. Der Chor stimmt das Niederländische Dankgebet an. Einem gemeinsamen Weihnachtsliede folgt die Ansprache des Schwadronchefs ... Dann spricht Zeppelin, sichtlich ergriffen. Von der Sehnsucht des alten Feldsoldaten spricht er, Weihnachten in der Front zu verleben und von seiner Freude, diesen Wunsch erfüllt zu sehen, von dem Ernst der Stunde und der Schwere dieses Festes, das der Erinnerung an ferne, liebe Menschen geweiht und von der Freude, der stolzen Freude doch, dass wir Weihnachten in Feindesland feiern dürfen, wir und nicht die Franzosen ...

Ulmer Tagblatt

Seine schönste Belohnung

In seiner Unterredung mit dem Berliner Vertreter der „United Press" sagte Graf Zeppelin über den Wert seiner Luftschiffe im Weltkrieg, mit seiner hohen Vaterlandsliebe die edelste Menschlichkeit glücklich verbindend:

Wenn die militärische Wirkung der Zeppelin-Luftschiffe zur Folge haben, den Krieg auch nur um einen Tag zu verkürzen, wodurch viele Tausende von Menschenleben zu retten wären, wenn die Zeppeline, die gegenwärtig erst am Anfang ihrer Entwicklung stehen, soweit fortschreiten, dass es in Zukunft weniger Kriege gibt und wenn so ihre Existenz eine Wohltat für die Menschheit und die Welt wird, ganz abgesehen von dem friedlichen Gebrauch der Luftschiffe; wenn in dieser kritischsten Stunde des deutschen Volkes, zu einer Zeit, da man sich bemüht, uns unsere Frauen und Kinder auszuhungern, und Deutschlands Existenz auf dem Spiele steht, die Zeppeline dem Vaterland auch nur den geringsten Kraftzuwachs verleihen gegen den Ring seiner Feinde, die unsere völlige Vernichtung herbeiführen wollen – dann ist meine Lebensarbeit nicht vergeblich gewesen.

Die Krönung seines Lebenswerks

Einer der Lieblingsgedanken des Grafen für die Verwendung seiner Luftschiffe war von jeher der Verkehr.

Und schon im Jahre 1909, als Brucker, der frühere Herausgeber der Illinois-Staatszeitung sich anschickte, mit einem Lenkballon von Cadix[21] aus nach Spanisch-Westindien zu fahren, erklärte Zeppelin das Projekt für durchführbar.

Auch nach anderen Nachrichten hat er den Plan der Überquerung des Atlantischen Ozeans schon für sich und seine Luftschiffe erwogen. Und noch mitten während des Weltkriegs hat er diese Hoffnung dem amerikanischen Interviewer gegenüber ausgesprochen. Er hoffe, sagte er am Schluss der Unterredung, sein Lebenswerk mit einer Luftfahrt über den Atlantischen Ozean zu krönen. Eine solche Luftreise würde etwa 3 bis 4 Tage in Anspruch nehmen und nach seiner Ansicht zu den praktischsten Zukunftseinrichtungen gehören.

Im künftigen Pantheon

In einem künftigen Pantheon werden alle großen Erfinder nicht als Wohltäter ihrer Nation, sondern als Wohltäter der Menschheit verewigt werden; – und neben den Gutenbergs, den Watts, den Marconis, den Edisons wird dem Grafen Zeppelin ein leuchtender Platz angewiesen werden. Nicht wird man betonen, dass er die deutsche

---

21   Anm. des Verlags: Hiermit ist das heutige Cádiz gemeint.

Heeresverwaltung um ein Rekognoszierungsmittel oder gar um eine Vernichtung streuende Waffe bereicherte, sondern dass es seinem mit Energie und Zähigkeit gepaarten Talent gelungen ist, die ganze Mit- und Nachwelt mit einem unermesslich hohen, ungeahnte Möglichkeiten bergenden Kulturschatz zu beschenken.

Bertha von Suttner